AF283656

Gestión de sistemas de distribución global (GDS). HOTT004PO

María José Romero Rodríguez

María Vallespín Arán

ic editorial

Gestión de sistemas de distribución global (GDS). HOTT004PO
© María José Romero Rodríguez
© María Vallespín Arán

1ª Edición

© IC Editorial, 2024

Editado por: IC Editorial
c/ Cueva de Viera, 2, Local 3
Centro Negocios CADI
29200 Antequera (Málaga)
Teléfono: 952 70 60 04
Fax: 952 84 55 03
Correo electrónico: iceditorial@iceditorial.com
Internet: www.iceditorial.com

ISBN: 978-84-1184-432-1
Depósito Legal: MA 2483-2024

Impresión: PODiPrint
Impreso en Andalucía – España

Nota de la editorial: IC Editorial pertenece a Innovación y Cualificación S. L.

Especialidad formativa

Se entiende por especialidad formativa la agrupación de contenidos, competencias profesionales y especificaciones técnicas que responde a un conjunto de actividades de trabajo enmarcadas en una fase del proceso de producción y con funciones afines.

Las especialidades formativas de Uso General, Formación Complementaria, Formación Modular y las especialidades formativas dirigidas a la obtención de certificados de profesionalidad se incluyen en el Fichero de Especialidades del Servicio Público de Empleo Estatal para su gestión en todo el territorio nacional por cualquier Administración competente.

Las especialidades complementarias, pertenecen todas a la Familia profesional de Formación Complementaria (FCO) y tienen la consideración de formación transversal en áreas que se consideran prioritarias tanto en el marco de la Estrategia Europea para el Empleo y del Sistema Nacional de Empleo como en las directrices establecidas por la Unión Europea. Se consideran áreas prioritarias las relativas a tecnologías de la información y la comunicación, la prevención de riesgos laborales, la sensibilización en medio ambiente, la promoción de la igualdad, la orientación profesional y aquellas otras que se establezcan por la Administración competente.

Las especialidades de Certificado de profesionalidad tienen una duración especificada en su normativa reguladora.

En el resultado de la búsqueda, se muestran las unidades de competencia, todos los módulos formativos con su duración y las unidades formativas del certificado correspondiente, con su duración. Las horas del certificado, exclusivo de las especialidades de certificado de profesionalidad, con alta igual o superior a 2008, son las horas totales más las horas del módulo de Prácticas Profesionales no Laborales.

- **Si la especialidad tiene unidades formativas,** las horas totales, presencial, distancia, teleformación serán igual a la suma de esas horas de las unidades formativas de los distintos módulos, sin que se repita ninguna Unidad formativa.

⮕ **Si la especialidad no tiene unidades formativas,** las horas totales, presencial, distancia, teleformación serán igual a las sumas de esas horas de los módulos formativos, eliminando las horas de los módulos repetidos.

https://sede.sepe.gob.es/especialidadesformativas/RXBuscadorEFRED/BusquedaEspecialidades.do

(Fuente: Servicio Público de Empleo Estatal)

Índice

Unidad de Aprendizaje 1
Los sistemas globales de distribución (GDS)

1. Introducción   11
2. Estructura y funciones de los GDS   11
3. Principales GDS   19
4. Funcionamiento de los GDS   26
5. Gestión de documentos de servicios turísticos   28
6. Resumen   58
   Ejercicios de autoevaluación   61

Unidad de Aprendizaje 2
La distribución turística en internet

1. Introducción   67
2. Análisis de la distribución turística en Internet   67
3. Las agencias de viajes virtuales   74
4. Páginas webs y portales turísticos   81
5. Resumen   99
   Ejercicios de autoevaluación   101

Unidad de Aprendizaje 3
Programas de venta o *front office*

1. Introducción   107
2. Diferentes significados del término *front office*   108
3. Programas o *software* de aplicación de agencias de viaje 110
4. Resumen   145
   Ejercicios de autoevaluación   147

Unidad de Aprendizaje 4
Gestión de expedientes dentro de una agencia de viajes

1. Introducción   153
2. Documentos de gestión de agencias de viajes   153
3. Documentos internos   154
4. Documentos externos   172
5. Resumen   179
   Ejercicios de autoevaluación   181

Glosario   185

Bibliografía   189

OBJETIVOS GENERALES

Los objetivos generales del **HOTT004PO. Gestión de sistemas de distribución global (GDS),** son los siguientes:

- ⮕ Utilizar los soportes informáticos de uso habitual en el sector turístico y en agencias de viajes.
- ⮕ Atender las solicitudes de reservas de transportes, viajes combinados, excursiones o traslados, utilizando soportes y recursos tecnológicos.
- ⮕ Analizar la situación actual de la distribución turística en internet.
- ⮕ Utilizar los programas de gestión de uso habitual en agencias de viajes, tanto para la realización de *front office* como de *back office.*
- ⮕ Emitir los documentos de confirmación y pago que acrediten convenientemente el derecho del cliente a recibir los servicios reservados a su favor.

Los sistemas globales de distribución (GDS)

Contenido

1. Introducción
2. Estructura y funciones de los GDS
3. Principales GDS
4. Funcionamiento de los GDS
5. Gestión de documentos de servicios turísticos
6. Resumen

Objetivos

El objetivo general de esta Unidad de Aprendizaje es:

→ Atender las solicitudes de reservas de transportes, viajes combinados, excursiones o traslados, utilizando soportes y recursos tecnológicos.

Los objetivos específicos de esta Unidad de Aprendizaje son:

→ Describir la estructura y funciones de los soportes informáticos de uso habitual en agencias de viajes.

→ Conocer los principales sistemas de distribución global o GDS y el funcionamiento de los mismos.

→ Explicar el procedimiento para la realización de la consulta, reserva, venta y emisión de documentos en tiempo real para los servicios de los proveedores de transporte aéreo, ferroviario, marítimo, cadenas hoteleras, mayoristas y demás prestatarios turísticos.

→ Atender las solicitudes de los clientes, asesorándoles sobre la mejor opción disponible.

1. Introducción

Las **Tecnologías de la Información y las Comunicaciones (TIC)** han producido un cambio radical en la gestión, promoción y comercialización de las empresas e instituciones del turismo. En este sentido y de igual modo, las agencias de viajes se vienen enfrentando en los últimos años a un importante **proceso de cambio:** la llegada de las centrales de reservas aéreas (CRS) en los setenta y de los Sistemas Globales de Distribución (GDS) a finales de los ochenta, seguido del desarrollo de las redes de internet a finales de los noventa, han provocado una transformación radical en la operativa de las agencias de viajes.

Los **GDS** actuales ofrecen al usuario rigurosidad y rapidez en la información suministrada. En la actualidad, el profesional, desde la pantalla de su ordenador, es capaz de informar con total seguridad sobre el producto turístico que gestiona. Por lo tanto, de manera general, la sociedad de la información ha modificado el rol del agente de viajes, pasando de ser un mediador a un verdadero asesor en los viajes.

A lo largo de la unidad se analizarán la estructura y el funcionamiento de los GDS, así como los procedimientos de consulta, reserva, venta y emisión de documentos en tiempo real para los servicios de los proveedores de transportes aéreos, ferroviarios, marítimos, cadenas hoteleras, mayoristas y demás prestatarios turísticos.

Para ello nos basaremos en el caso de Pilar, agente de viajes que se va a incorporar a una antigua agencia que quiere actualizar sus procedimientos para ser más competitiva en el sector.

2. Estructura y funciones de los GDS

 HILO CONDUCTOR

Mercedes es propietaria de una pequeña agencia de viajes que lleva en funcionamiento desde los años 70; en aquellos tiempos manejaba de forma manual la reserva de plazas. Aunque ya le queda poco para jubilarse, se resiste, quiere seguir trabajando en el sector.

Continúa en página siguiente >>

<< Viene de página anterior

Poco a poco ha ido incorporando nuevos medios y habituándose al uso de internet, pero se ha dado cuenta de que sus procedimientos están algo desactualizados, por lo que ha decidido contar con Pilar, una chica joven que conoce bien los nuevos métodos y soportes existentes.

Debido fundamentalmente a la **transformación tecnológica** en la que la sociedad está inmersa, a lo largo de las últimas décadas del siglo XX, se ha ido construyendo una nueva sociedad, la llamada **Sociedad de la Información.** En esta nueva economía, los Sistemas Globales de Distribución (GDS) se han convertido para las agencias de viajes en el elemento clave para su competitividad.

DEFINICIÓN

GDS

Grandes bases de datos centralizadas que permiten el acceso a los agentes abonados. Los GDS son capaces de almacenar y actualizar de forma instantánea enormes cantidades de información sobre la oferta de toda una amplia gama de empresas turísticas a nivel mundial.

Se hace necesario, por tanto, que dicho agente esté suficientemente cualificado para prestar su servicio, manejando todas las fuentes de información disponibles y aportando valor al consumidor mediante su asesoramiento.

Con anterioridad a la aparición de estos sistemas, las agencias de viaje tenían que realizar un trabajo más manual e ineficaz, pero poco a poco esos procedimientos fueron evolucionando y automatizándose.

La **evolución** que han seguido es la siguiente:

- **Manejo manual de reserva de plazas:** las agencias de viajes tenían que navegar por las listas de rutas y precios que les suministraban las diversas compañías aéreas hasta encontrar la opción más acorde con las preferencias de los clientes. Una vez escogida esta, la agencia de viajes se ponía en contacto con la línea aérea (telefónicamente o por télex) para reservar una plaza.

Este sistema basado en el manejo manual de reserva de plazas se configuraba como un sistema ineficaz y costoso. Además, presentaba el inconveniente de que, al ser imposible disponer de toda la información concerniente a las aerolíneas, el cliente nunca tenía la seguridad de que la opción escogida fuese la mejor.

- **CRS. Sistemas automatizados de reserva de las compañías aéreas:** estos sistemas de reserva se inician en el sector de la aviación comercial. El programa informático llamado Sabre, fue el primer y mayor sistema de procesamiento de reservas del mundo.

  Los primeros CRS consistían en un inventario centralizado de los asientos disponibles en cada vuelo. En todos los puntos de venta (agencias de viaje u oficinas propias de las compañías aéreas) y a través de terminales periféricos, los usuarios podían acceder directamente a toda la información relativa a las plazas disponibles de las diferentes compañías, como rutas o tarifas.

- **Extensión de sistemas de reserva a las agencias de viaje:** a partir de ese momento, otras compañías empiezan a lanzar sus propios sistemas de reserva, extendiéndose además a las agencias de viaje. No obstante, y a pesar de las ventajas aportadas por estos procesadores de datos, comienzan los primeros inconvenientes: los terminales colocados en las agencias tienen que acceder a cada uno de los distintos CRS para poder llevar a cabo la reserva en diferentes compañías aéreas.

  Es decir, comienza el problema de la integración de los diferentes sistemas; mientras que las agencias de viaje demandaban la integración o conexión de las bases de datos, las distintas compañías aéreas habían realizado una gran inversión por separado en sus distintos sistemas de reserva.

- **GDS. Integración. Otros productos:** en la década de los 80, se presenta el primer sistema de reserva con acceso múltiple a compañías aéreas internacionales, llegando a conectar más de cuarenta compañías.

  El gran salto de estos sistemas centralizados de reserva hacia sistemas globales de distribución se realiza cuando, además de la oferta aérea, se incorporan otros productos turísticos, entre los que cabe destacar la reserva de hoteles, paquetes turísticos, cruceros y *rent-a-car*, etc. Además y con el acceso *online,* incorporaron nuevas prestaciones, como bases de datos de clientes, agendas, conexión con los programas de gestión interna y ventas, emisión de billetes electrónicos e incluso información general de los destinos, como horarios comerciales, eventos culturales y espectáculos, meteorología, etc.

RECUERDA

La expansión de las actividades y la inclusión de otros muchos productos turísticos y formas alternativas de distribución, con un acceso *online*, han derivado desde los CRS de las compañías aéreas iniciales hacia los actuales GDS.

- -

Sin embargo, con la **llegada de internet,** se ha llegado incluso a cuestionar la existencia futura de los GDS en la industria turística, ya que en la actualidad existen múltiples páginas en las que las agencias pueden realizar sus reservas sin necesidad de usar estos sistemas de reserva. Es decir, internet brinda la posibilidad a los proveedores turísticos de crear su propia página web, posibilitando que las agencias de viajes puedan efectuar sus reservas sin la necesidad de usar los GDS, eliminando de este modo su coste.

SABÍAS QUE...

En enero del 2023 las compañías Air France y KLM incrementaron el coste de sus billetes si estos se reservan a través de un GDS. Estas compañías han elevado el recargo que le aplican a las agencias de viaje de 15 a 17 € por trayecto.

Este coste no se ve afectado si la plataforma utilizada es Amadeus, gracias al acuerdo de distribución suscrito entre Air France-KLM y Amadeus.

- -

No obstante, existe un problema: cada proveedor ha creado su propia página y la agencia gasta mucho tiempo en buscar el mismo servicio en diferentes páginas para comparar y ofrecer la mejor opción.

Por lo tanto, a pesar de los inconvenientes que puedan presentar (coste, formación de personal, infrautilización del sistema), el principal beneficio de los GDS para las agencias de viajes sigue siendo el proporcionar de forma integrada una inmensa oferta de servicios del viaje en una única interfaz accesible en tiempo real.

En este sentido, en la actualidad se puede afirmar que internet no ha supuesto una amenaza para estos intermediarios, sino una oportunidad; las nuevas tecnologías y en concreto internet les están permitiendo ampliar su modelo de negocio.

 ## ACTIVIDAD COMPLEMENTARIA

1. Reflexiona sobre la posibilidad de que desaparezcan los GDS en un futuro próximo como consecuencia de la llegada de internet.

A continuación, te mostramos los productos comercializados en la actualidad por los GDS para los diferentes proveedores de medios de transporte y hoteles (Gil y García, 2002):

> **Reserva de hoteles**
> - Un GDS permite acceso en tiempo real al sistema de inventario de un hotel con los últimos precios, ofertas, tipos de habitación y diferentes aspectos de interés para el potencial cliente.

> **Producto aéreo**
> - Los GDS suministran información capaz de cubrir todas las necesidades de comercialización de la oferta de las compañías aéreas de una manera segura y eficiente.

> **Transporte ferroviario**
> - En España, los terminales de un GDS pueden proporcionar información en tiempo real de una amplia gama de trenes de Renfe, tales como el AVE, el Talgo, lanzaderas, internacionales, Euromed, Intercity, Arco, Alaris, así como trenes regionales, sus horarios, disponibilidad y reservas.

> **Transporte marítimo**
> - A través de un GDS, se puede obtener información de horarios, disponibilidad, tarifas, reserva de plazas y emisión automática de billetes de todos los productos que ofrecen las empresas de transporte marítimo.

Continúa en página siguiente >>

<< Viene de página anterior

Alquiler de coches
- Los GDS facilitan a la agencia el acceso a la información y reserva de vehículos de un modo estandarizado, incluyéndose dicho servicio en muchas ocasiones desde el momento en que se realiza la reserva del vuelo.

2.1. Arquitectura tecnológica de un GDS

Desde un punto de vista tecnológico, los GDS están formados por un conjunto de bases de **datos integradas entre sí** y distribuidas en diferentes ordenadores.

El sistema integra dichas bases de datos y establece una clasificación entre proveedores locales y globales. De este modo, se considera:

- ⮑ **Proveedores globales:** aquellos que ofrecen sus servicios turísticos a nivel internacional, es decir, en diferentes países. Ejemplos podrían ser las cadenas hoteleras Sol Meliá y NH hoteles.
- ⮑ **Proveedores locales:** aquellos que operan en un solo país. Un ejemplo sería el caso español de Paradores Nacionales.

Por otro lado, los usuarios, gracias al sistema integrado de búsquedas, pueden acceder a cualquier base de datos de manera transparente, sin ningún tipo de distinción.

En este sentido, como principal inconveniente para las propias agencias de viajes a veces se cita el **"efecto halo",** que hace referencia a la posibilidad de cierta parcialidad en la información, beneficiando a las compañías propietarias del sistema.

2.2. Principales funciones de un GDS

Las principales **funciones** que desarrollan los GDS son (Del Alcázar, 2002):

➲ **Proporcionar información a los agentes abonados:** proporcionar información a los agentes abonados de los distintos servicios de transporte existentes y de los distintos alojamientos turísticos. También deberán proporcionar información sobre los distintos destinos turísticos (aeropuertos, normas y reglamentaciones, etc.). Dichos servicios deben procurar la información más exacta y completa posible, tales como las distintas posibilidades de tarifas o precios, los trayectos más cortos, datos sobre la localización de los hoteles y de los servicios disponibles en los mismos, etc. Además, toda esta información deberá ser actualizada de manera continua y permanente.

➲ **Posibilitar la reserva:** posibilitar la reserva de billetes de transporte, de servicios de alojamiento, de paquetes turísticos, de servicios de restauración, etc. Para que pueda ser considerado como un sistema de distribución, sus funciones deben ir más allá de la simple información, permitiendo la reserva en firme de los servicios prestados, posibilitando además la confirmación de la misma, de cara a la tranquilidad del cliente.

➲ **Venta y emisión del billete o bono correspondiente:** los GDS deben ser capaces de emitir el documento de uso de los servicios demandados y posibilitar a la empresa proveedora de la prestación la recuperación del pago realizado, sin perjuicio de abonar a la agencia de viajes la comisión debida por la venta de la prestación. Por otro lado, la emisión del billete está prácticamente en desuso como consecuencia del billete electrónico.

➲ **Seguimiento posventa:** los GDS deben incluir la posibilidad de cambiar una reserva, prolongar una estancia y cualquier otro servicio que ataña al viaje.

➲ **Otras prestaciones:** además de las funciones de información, reserva y emisión de billetes, los GDS incorporan una amplia gama de prestaciones para la gestión de las agencias de viajes, tales como:

   ◑ Conexión con los programas de gestión interna y ventas: mediante un interfaz, transmiten las reservas y ventas realizadas a los programas internos de las agencias de viajes para controlar la información en una sola introducción de datos.

   ◑ Conexión con internet: los GDS venden y distribuyen sus productos por la red.

   ◑ Billete electrónico: persigue la eliminación de documentos por el ahorro de costes y tiempo que supone. El cliente no recibe ningún documento, pues su reserva aparece en pantalla con un código o número de reserva (localizador). Al no existir billete físico, basta con entregar el número de localizador para que, junto a su DNI o pasaporte, pueda ser identificado y admitido.

   ◑ Posibilidad de almacenar y recuperar una amplia información relativa a los consumidores (preferencias en cuanto a compañías, tipos de billetes demandados, preferencias de sitios y horarios, datos particulares como domicilio, teléfono, etc.).

◑ Conexión con otros sistemas de comunicación; agenda, con recordatorios de interés para la agencia; procesadores de textos que prestan funciones ofimáticas; posibilidad de la visión de planos de ciudades e imágenes de los hoteles, destinos y recursos turísticos, etc.

 RECUERDA

Los GDS son bases de datos centralizadas que se actualizan de forma periódica y que admiten el acceso a los agentes abonados. Permiten la consulta, reserva, venta y emisión en tiempo real de los productos turísticos.

 TAREA 1

Mercedes es propietaria de una pequeña agencia de viajes que lleva en funcionamiento desde los años 70. Poco a poco ha ido incorporando nuevos medios y habituándose al uso de internet, pero se ha dado cuenta de que sus procedimientos están algo desactualizados, por lo que ha decidido contar con Pilar, una chica joven que conoce bien los nuevos métodos y soportes existentes.

Pilar está informando a Mercedes sobre los Sistemas de Distribución Global que se usan habitualmente en el sector.

En base a esto, describe la estructura y funciones de dichos sistemas, así como la utilidad que podrían tener para el negocio de Mercedes.

3. Principales GDS

☞ HILO CONDUCTOR

Mercedes normalmente se pasa horas y horas consultando las páginas de los distintos proveedores.

Pilar cree que esto es algo innecesario, por la inversión de tiempo que supone. Por ello, le ha hablado de los GDS, con los que podrá disponer de forma integrada de una inmensa oferta de servicios del viaje en una única interfaz accesible en tiempo real.

Actualmente, la industria GDS está controlada a nivel internacional por tres importantes organizaciones: Sabre, Amadeus y Travelport (que integró a GDS Galileo y Worldspan).

En la tabla siguiente, puedes observar los datos sobre las compañías propietarias de los cuatro principales GDS.

COMPAÑÍAS PROPIETARIAS DE LOS GDS			
	Amadeus	**Sabre**	**Travelport**
Año fundación	1987	1960 por IBM	2001
Fundada por	Air France Iberia Lufthansa, Scandinavian Airlines System (SAS)	American Airlines Aeroméxico Copa Airlines Aerolíneas Argentinas Avianca	Aer Lingus Air Canada Alitalia Austrian Airlines KLM Olympic Airwaya Swissair Tap United Airlines US Airways Delta Airlines Northwest TWA

Continúa en página siguiente >>

<< Viene de página anterior

COMPAÑÍAS PROPIETARIAS DE LOS GDS			
Sede	Madrid, España Centro de datos en Erding (Alemania)	Southlake, Texas, USA	Atlanta,Georgia, USA
Agencias de viajes conectadas	Más de 70.000	56.000 43.500	Más de 65.000
Países en los que opera	195 países	195 países	170 países

3.1. Amadeus

Amadeus es la principal compañía de procesamiento de transacciones en el sector de los viajes. Además, se configura como GDS líder en Europa y en España.

En el año 2021 se procesaron más de 849 millones de reservas. Por otro lado, los agentes de viajes tienen acceso a numerosos proveedores a través del sistema Amadeus: 169 operadores aeroportuarios, 28 líneas de crucero y ferris, 133 servicios de asistencia en tierra, 101 turoperadores, 90 operadores ferroviarios, 22 grupos proveedores de seguros con más de 400 aerolíneas y 75 proveedores de movilidad con más de un millón de establecimientos hoteleros.

Amadeus España, hasta 2005 denominada Savia, era el distribuidor oficial de Amadeus.

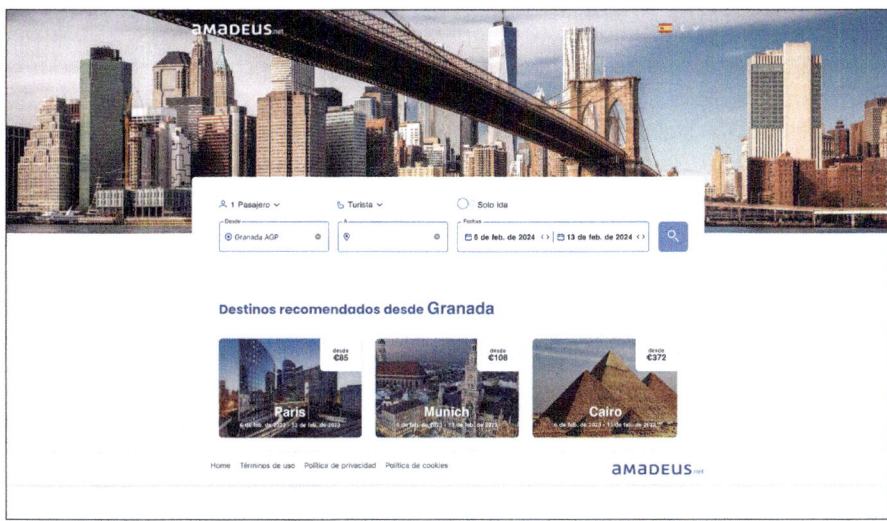

Página web de Amadeus

PARA SABER MÁS

Puedes consultar la página web de Amadeus accediendo al siguiente enlace:

https://redirectoronline.com/hott004po0101

3.2. Sabre

SabreTravel Network provee **soluciones tecnológicas para la industria de viajes** a través de Sabre GDS, su Sistema de Distribución Global.

Sabre se ha desarrollado en el mercado americano. Conecta a más de 400.000 agentes de viajes con más de 400 líneas aéreas, 1,6 millones de opciones de alojamiento, 40 compañías de alquiler de automóviles, 20 líneas de cruceros, más de 50 líneas de transporte ferroviarios y otros proveedores globales de la industria. Anualmente, las transacciones por este canal de distribución superan los 100.000 millones de dólares. Sabre está trabajando con *Google Cloud* para eliminar los centros de datos de Sabre y trasladarlos a *Google Cloud.*

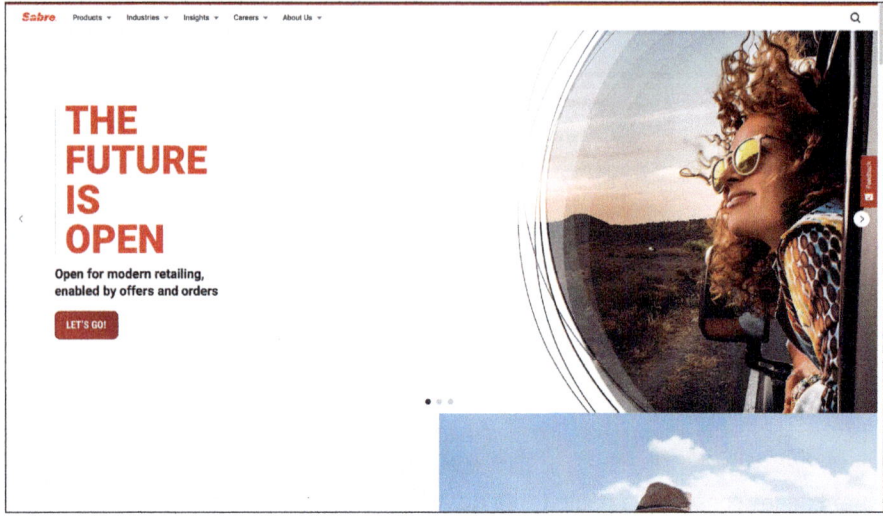

Página web de Sabre

 **PARA SABER MÁS**

Puede consultar la página web de Sabre accediendo al siguiente enlace:

https://redirectoronline.com/hott004po0102

3.3. Travelport: Galileo, Worldspan

Travelport se configura como una multinacional del turismo que engloba los Sistemas de Distribución Global (GDS) Worldspan y Galileo.

Travelport+ es la plataforma de Travelport enfocada a mejorar la experiencia de los agentes de viajes, gracias a la integración en dicha plataforma de una mayor cantidad de opciones para que la búsqueda, reserva y compra de los vuelos, hoteles, y automóviles se realice en un mismo sitio con el consiguiente ahorro de tiempo al llevar a cabo estas tareas.

Sus alianzas con Booking.com y Hertz, les han permitido aumentar en más de 140.000 los destinos hoteleros y disponer de la flota de vehículos para que, tanto agentes como clientes, obtengan precios especiales al contratar los servicios a través de dicha plataforma.

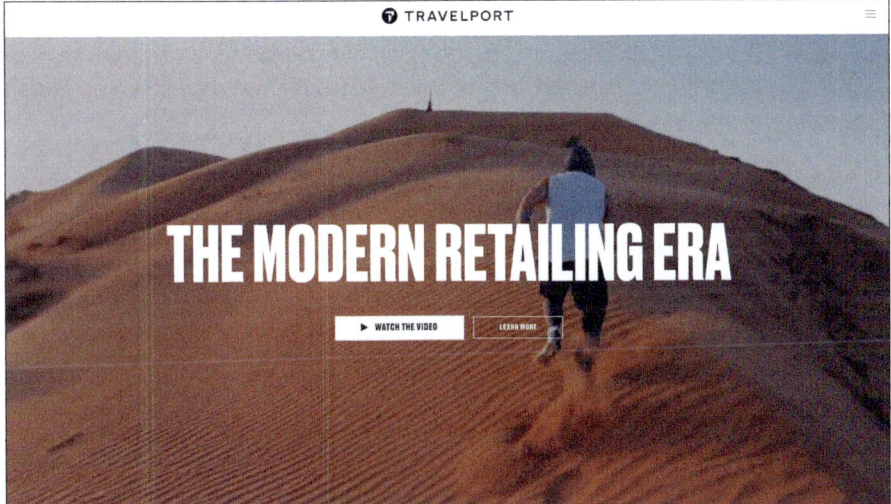

Página web de Travelport

 PARA SABER MÁS

Puedes consultar la página web de Travelport accediendo al siguiente enlace:

Continúa en página siguiente >>

<< Viene de página anterior

https://redirectoronline.com/hott004po0103

3.4. Otros sistemas de distribución global

Ya has visto que existen algunos GDS que dominan el mercado a nivel mundial, pero aparte de estos, y a una considerable distancia, se pueden encontrar otros sistemas que están centrados de forma más específica en zonas geográficas concretas.

Por ejemplo, el *software* **KIU Systems,** que existe desde 2002, con sede en Buenos Aires y presencia en otros países latinoamericanos como Argentina, Venezuela, Ecuador, Colombia, Perú, Bolivia y México,es uno de los principales sistemas de distribución global y reserva de vuelos en esta región.

https://www.kiusys.com/

 **PARA SABER MÁS**

Accede al siguiente enlace para visitar la página web de KIU Systems:

https://redirectoronline.com/hott004po0104

TAREA 2

Pilar ha informado a Mercedes sobre los Sistemas de Distribución Global que se usan habitualmente en el sector, por lo que ahora están analizando los diferentes sistemas existentes.

En base a esto, enumera los principales sistemas de distribución global o GDS existentes y, tomando como base a uno de ellos, explica el funcionamiento de los mismos.

- -

4. Funcionamiento de los GDS

☞ HILO CONDUCTOR

Sin duda, los Sistemas Globales de Distribución (GDS) son un elemento clave para que Mercedes alcance una mayor competitividad.

Han decidido analizar los diferentes sistemas existentes para decidir cuál les conviene más.

- -

Como has visto, existen cuatro GDS principalmente. De todos ellos, la información que se extrae es similar. Se diferencian unos de otros principalmente en las **transacciones utilizadas para extraer la información.**

Amadeus se configura como el GDS líder en España, en segundo lugar, figura Galileo como sistema de reservas con mayor implantación, quedando Sabre y Worldspan relegadas principalmente al mercado americano. Se irán viendo las distintas operaciones y herramientas más comunes al servicio de las agencias de viajes, de manera general y en base a estos cuatro GDS.

No obstante, a continuación, dado que el sistema Amadeus es el GDS líder en España, procedemos a su presentación, descripción y funcionamiento.

Amadeus *Selling Platform*

En 2003, Amadeus puso a disposición de las agencias de viajes una nueva interfaz de usuario para acceder al sistema Amadeus denominada **Amadeus Vista.**

Entre las **características** de *Amadeus Vista,* destacan:

- ⮊ **Entorno de trabajo:** está basada en un navegador que **combina el entorno gráfico con el críptico.** Está diseñada como un entorno de trabajo completamente **gráfico e intuitivo,** pudiendo obtener el máximo provecho del sistema Amadeus tanto agentes expertos como los menos familiarizados con Amadeus, ya que, además del modo críptico (o de comandos), incorpora la interfaz gráfica. Como has visto, uno de los inconvenientes de los GDS podría ser la costosa formación del personal necesaria para el manejo específico del GDS. *Amadeus Vista* trata de solventar este problema, eliminando con la interfaz gráfica la necesidad de memorizar transacciones largas y complejas.
- ⮊ **Agilización y productividad:** dispone en **una sola pantalla de todos los elementos claves** para obtener mayor productividad. Desde su página principal, es posible acceder a todas las funciones de Amadeus: buscadores de tarifas, búsqueda de perfiles de viajeros, gestión de reservas de los productos integrados, etc. También permite la opción de las *smartkeys* y el modo rápido, que acelera las tareas repetitivas y permite que los expertos trabajen más ágilmente.

5. Gestión de documentos de servicios turísticos

☞ HILO CONDUCTOR

Tras el proceso de incorporación a la agencia, y con las decisiones ya tomadas acerca de cómo van a desarrollar su trabajo, Pilar va a empezar a atender a los clientes.

Su primer cliente le ha solicitado una reserva en la costa para pasar las vacaciones de verano con su familia. Además de la reserva en el hotel, quiere que se incluya el transporte.

El turista, cuando tiene la necesidad o el deseo de viajar, antes de realizar su reserva busca información con el fin de indagar sobre las distintas opciones que tiene.

Al tratarse de un **producto de alta implicación** (se trata de un viaje, es decir, un producto complejo), el turista preguntará a su círculo más cercano sobre sus viajes, buscará información en internet, recordará con qué compañía viajó por última vez o en qué hotel se hospedó, etc. No obstante, si el consumidor decide acudir a internet, ante la infinidad de prestatarios turísticos existentes, le puede resultar difícil saber si la adquisición que están realizando es la mejor opción que les ofrece el mercado.

Por tanto, frecuentemente, el consumidor final, ante esta falta o este exceso de información, tiene la necesidad de un **consejo experto,** lo que determina que el turista acuda a una agencia de viajes y solicite asesoramiento.

Por este motivo, la **acogida y las impresiones que el potencial cliente perciba** en su primer contacto con la agencia de viajes serán un elemento clave para cerrar la venta.

Ante el exceso de información que puede suponer la consulta en el entorno o en la red, la agencia de viajes ofrece al cliente asesoramiento y consejo experto.

El primer paso por parte del agente, una vez que el cliente le ha informado sobre lo que desea, es **consultar las distintas fuentes de información** disponibles.

Una vez realizada la consulta, se ha de **informar al turista.** En caso de que este confirme su adecuación, el agente deberá proceder a la **reserva, venta y emisión de documentos** para que la operación pueda darse por finalizada.

En realidad, los procesos de información, reserva, venta y emisión de billetes o bonos están muy relacionados, pero a veces se emplean medios diferentes para cada uno de ellos.

◉ EJEMPLO

Incluso con servicios que son ofrecidos a través de Sistemas de Distribución, la consulta se hace con frecuencia a través de folletos u otros documentos, mientras que para la reserva se acude al sistema informático.

En este sentido, dependiendo del producto turístico solicitado por el cliente, se utilizarán diferentes procedimientos. No obstante, el desarrollo tecnológico ha provocado que entre los diferentes **medios de búsqueda, reserva, venta y emisión de documentos** para las labores de intermediación entre las agencias de viaje y sus proveedores exista un nexo común: **internet.**

5.1. Información adicional para la expedición del localizador

Una vez que se lleva a cabo la adquisición por parte del cliente, de acuerdo a la normativa vigente, la empresa debe entregar al usuario una confirmación de los servicios contratados en la que se tienen que recoger también las condiciones de los mismos.

Habitualmente esta conformación se envía de manera electrónica al correo del usuario. Esta confirmación, denominada **localizador,** incorpora un número de identificación que sirve para la rápida identificación del cliente, las condiciones y los servicios contratados.

Localizador: MKRDMR

Fecha de compra: 08/02/2024

Itinerario

1 **Miércoles, 3 de Julio de 2024**

Salida	Llegada	Trayecto	Vuelo	Duración	Tarifa
13:15	15:20	San Sebastián - Gran Canaria	NT5301	60	Basic
16:15	16:55	Gran Canaria - Tenerife Sur	NT159	60	Basic

2 **Miércoles, 24 de Julio de 2024**

Salida	Llegada	Trayecto	Vuelo	Duración	Tarifa
07:00	07:35	Tenerife Sur - Gran Canaria	NT156	60	Basic
08:30	12:35	Gran Canaria - San Sebastián	NT5300	60	Basic

Pasajeros

Pasajeros	Número de billete	
	4742412400451	Generar factura
	4742412400454	Generar factura
	4742412400452	Generar factura
	4742412400453	Generar factura

Condiciones de las tarifas

Basic	✔ Equipaje de mano (8 kg)	✔ Aperitivo gourmet a bordo incluido	✔ Mejorar tarifa (15 €)*

*Más diferencia entre tarifas

Documento de compra de billetes electrónicamente

Así, con la modalidad electrónica, no es preciso que se emita el billete, pero la realización de una reserva conlleva siempre la **asignación de un número de localizador.**

NOTA

El sistema de distribución asignará automáticamente este localizador que estará compuesto por caracteres alfanuméricos.

El **billete electrónico,** de este modo, persigue la **eliminación de documentos** por el ahorro de costes y tiempo que supone. El cliente no recibe ningún documento, pues su reserva aparece en pantalla con un código o número de reserva (localizador). Al no existir billete físico, basta con entregar el número de localizador para que, junto a su DNI o pasaporte, pueda ser identificado y admitido.

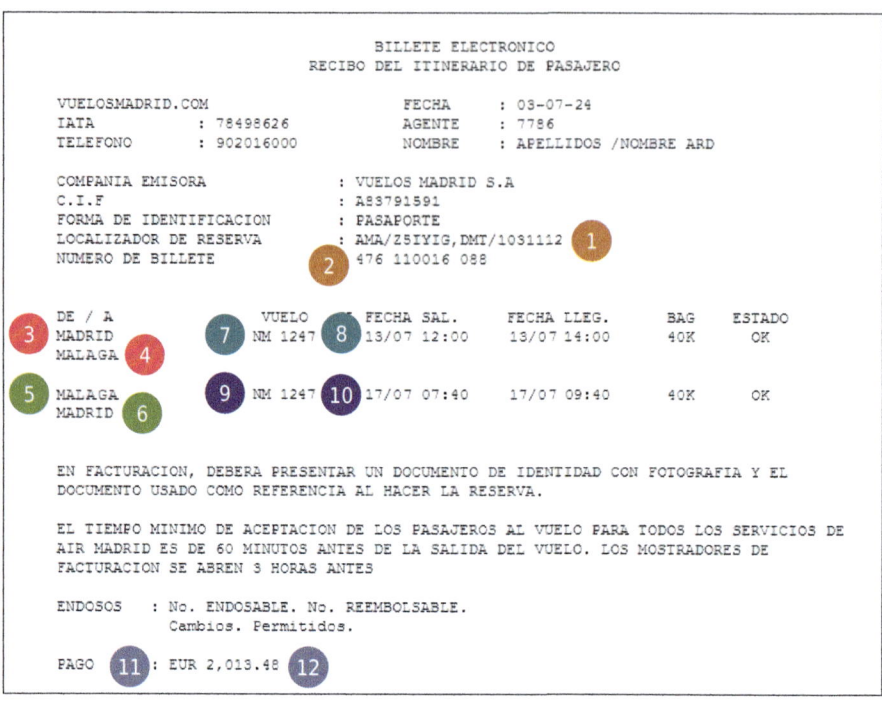

```
                        BILLETE ELECTRONICO
                  RECIBO DEL ITINERARIO DE PASAJERO

VUELOSMADRID.COM                 FECHA    : 03-07-24
IATA          : 78498626         AGENTE   : 7786
TELEFONO      : 902016000        NOMBRE   : APELLIDOS /NOMBRE ARD

COMPANIA EMISORA            : VUELOS MADRID S.A
C.I.F                       : A83791591
FORMA DE IDENTIFICACION     : PASAPORTE
LOCALIZADOR DE RESERVA      : AMA/25IYIG,DMT/1031112    ①
NUMERO DE BILLETE         ②   476 110016 088


    DE / A          VUELO    FECHA SAL.    FECHA LLEG.    BAG    ESTADO
 ③  MADRID       ⑦ NM 1247 ⑧ 13/07 12:00   13/07 14:00    40K    OK
    MALAGA   ④
 ⑤  MALAGA      ⑨ NM 1247 ⑩ 17/07 07:40   17/07 09:40    40K    OK
    MADRID   ⑥


EN FACTURACION, DEBERA PRESENTAR UN DOCUMENTO DE IDENTIDAD CON FOTOGRAFIA Y EL
DOCUMENTO USADO COMO REFERENCIA AL HACER LA RESERVA.

EL TIEMPO MINIMO DE ACEPTACION DE LOS PASAJEROS AL VUELO PARA TODOS LOS SERVICIOS DE
AIR MADRID ES DE 60 MINUTOS ANTES DE LA SALIDA DEL VUELO. LOS MOSTRADORES DE
FACTURACION SE ABREN 3 HORAS ANTES

ENDOSOS   : No. ENDOSABLE. No. REEMBOLSABLE.
            Cambios. Permitidos.

PAGO  ⑪ : EUR 2,013.48  ⑫
```

1. Localizador	5. Vuelta origen	9. Vuelta vuelo
2. N.º de billete	6. Vuelta destino	10. Vuelta fecha
3. Ida origen	7. Ida n.º vuelo	11. Divisa
4. Ida destino	8. Fecha vuelo	12. Importe

Billete electrónico

Además, el localizador podrá ser utilizado para **gestionar la reserva,** pudiendo recuperarla con posterioridad o realizarse cualquier acción sobre la misma: modificarla, cancelarla, etc.

NOTA

Con la incorporación de las nuevas tecnologías en el sector turístico se ha logrado un avance importante en la gestión de la compra y emisión de los billetes. Anteriormente se debía realizar la compra del billete y este se imprimía en una cartulina que servía como tarjeta de embarque o acceso al transporte, que se denominaba billete automatizado, reconocido por las iniciales ATB.

Continúa en página siguiente >>

<< Viene de página anterior

En la actualidad, la compra y emisión electrónica de billetes está implementada en el sector, lo que dificulta la emisión de un billete manualmente. Al llevarse a cabo todo el proceso electrónicamente se reducen los errores en la asignación de asientos, horarios o identificadores de viaje, además el cliente tiene toda la información de su viaje en su correo electrónico o en la propia aplicación de la agencia o empresa de transporte con la que ha contratado la prestación de servicios.

5.2. Proceso para realizar una consulta. Consulta de disponibilidad

A la hora de realizar su función asesora, los agentes tienen la posibilidad de acudir a **diferentes fuentes de información.**

Así, el primer paso por parte del agente, una vez que el cliente le ha informado sobre lo que desea, es consultar esas fuentes para encontrar el producto o servicio que más se adapte a lo que se le ha requerido y consultar su disponibilidad.

A continuación, te describimos los procesos que el agente lleva a cabo en la consulta en tiempo real para los servicios de los proveedores de:

Transporte aéreo

Transporte ferroviario

Transporte marítimo

Cadenas hoteleras

Mayoristas

Transporte aéreo

Las fuentes de información más utilizadas para el producto aéreo son los **sistemas GDS,** que ofrecen en tiempo real toda la información sobre el transporte aéreo. No obstante, el agente podrá dirigirse a otras fuentes de información como son: **internet** (páginas webs de compañías aéreas, de asociaciones de agencias de viaje, etc.), **guías, circulares y folletos** informativos de las compañías aéreas, etc.

Se ejemplifica a continuación una de las transacciones básicas usadas en *Amadeus Selling Platform* para la obtención de horarios y tarifas de transporte aéreo.

```
· sn10mayeasmad

SN10MAYEASMAD
** AMADEUS SCHEDULES - SN ** MAD                                 104 WE 10MAY
0000
  IB:VY5205  Y9 E9 K9 M9 R9 V9 X9   EAS    MAD 4  0920    1025  EO.
1:05
            Z9 W9 Q9 OS PS
     IB 499 J9 C9 D9 R7 I4 Y9 B9 /EAS    MAD 4  0920    1025  EO/
1:05
            H9 K9 M9 L9 V9 S9 N9 Q9 OS AS
  IB:VY5033 Y9 E9 K9 M9 R9 V9 X9   EAS    MAD 4  1340    1445  EO.
1:05
            Z9 W9 Q9 O9 P9
     IB 507 J9 C9 D9 R6 I4 Y9 B9 /EAS    MAD 4  1340    1445  EO/
1:05
            H9 K9 M9 L9 V9 S9 N9 Q9 O9 A9
     IB 509 J9 C9 D9 R9 I6 Y9 B9 /EAS    MAD 4  2110    2215  EO/
1:05
            H9 K9 M9 L9 V9 S9 N9 Q9 O9 A9
  IB:VY5207 Y9 E9 K9 M9 R9 V9 X9   EAS    MAD 4  2110    2215  EO.
1:05
            Z9 W9 Q9 O9 P9
     VY2487 Y9 B9 E9 I9 U9 H9 F9   EAS    BCN 1  1810    1915  EO.
            K9 L9 M9 C9 R9 V9 S9 N9 X9 AS ZS JS TS WS QS OS PS DS
     VY1008 Y9 B9 E9 I9 U9 H9 F9   BCN 1 MAD 4  2030    2155  EO.
3:45
```

Información sobre vuelos en Amadeus Selling Platform

En la imagen anterior, se puede ver la información sobre vuelos desde el despliegue de **Disponibilidad** (también se podría realizar usando la ventana de **Información de vuelos**). Dicha información de vuelos muestra datos como el tipo de avión y las terminales de salida o llegada.

El nombre de los códigos pertenecientes a cada aeropuerto viene dado siempre por el nombre de la ubicación del aeropuerto y, si existen varios aeropuertos en ubicaciones próximas, el código estará formado por el nombre del aeropuerto y las siglas de su localización. Estos códigos son decididos por la Organización Internacional para el Transporte Aéreo *(International Air Transport Association)* IATA y se denominan **códigos IATA.**

 PARA SABER MÁS

Accede al siguiente enlace para consultar las siglas IATA de los principales aeropuertos y ciudades españolas:

https://redirectoronline.com/hott004po0105

Cadenas hoteleras

A la hora de llevar a cabo su función asesora, el agente de viajes tiene ante sí numerosas fuentes de información para **verificar la ubicación del hotel, la disponibilidad, el tipo de habitación, el régimen alimenticio y el precio,** entre otros.

Para el logro de dicho objetivo, las fuentes de información más utilizadas para la venta del producto hotelero son: las **centrales de reserva, los GDS y las guías oficiales.**

Las centrales de reserva o CRS

Se trata de grandes bases de datos centralizadas que contienen la situación de plazas en tiempo real de todos los establecimientos asociados. Por un lado, están conectados por terminales de ordenador a las empresas de alojamiento y, por otro, a las agencias de viajes.

A pesar de que el producto hotelero fue uno de los primeros en ser añadido por los GDS, sus singulares características hacían que este medio no fuera el más eficaz y exitoso (a diferencia de los billetes de avión). El GDS había sido diseñado originalmente para el producto aéreo, por lo que la arquitectura de su base de datos resultó inadecuada para el producto hotelero. Se ha de tener en cuenta que el producto hotelero no es tan estándar como el aéreo y que la cantidad de información necesaria no era almacenable en el tipo de tecnología utilizada por los GDS.

De ahí que las grandes cadenas hoteleras empezaran a desarrollar sus propios sistemas computerizados, con estructuras más apropiadas al producto hotelero. Del mismo modo, los hoteles independientes y las pequeñas cadenas buscaron estrategias alternativas, como la contratación externa o la unión a un consorcio de comercialización.

Por tanto, las centrales de reserva son empresas independientes que ofrecen a los hoteles sus servicios de representación y reservas a cambio de determinadas cuotas de conexión y comisiones sobre las reservas formalizadas.

La característica fundamental estriba en que permiten a la agencia de viajes acceder de forma operativa a hoteles en cualquier área del mundo.

A nivel tecnológico, cuentan con sistemas electrónicos (por GDS o internet) y con reservas de voz *(call center)*, que facilitan al agente la venta de los productos hoteleros.

Entre las principales centrales de reserva, se encuentran:

Restel
- Creada en 1982 e integrada en el Grupo Hotusa, comercializa más de 200.000 establecimientos en todo el mundo y tiene presencia en más de 150 países con más de 10.000 destinos turísticos. Ofrece una amplia gama de hoteles independientes, y establecimientos pertenecientes a cadenas.

Central de reservas
- Con sede en Aínsa (Huesca) nació con el objetivo de revolucionar el mundo de las reservas de viajes *online*. En el año 2019 fue reconocida como PYME innovadora. Además de establecimientos hoteleros, también facilitan vuelos, alquiler de vehículos y seguros de viaje.

Continúa en página siguiente >>

<< *Viene de página anterior*

> **Haiku Hoteles**
> - Es un GDS creado por DIT Gestión que permite a las agencias asociadas acceder a la reserva directa de una gran cantidad de hoteles en múltiples localidades del territorio Nacional. Incorpora un comparador de precios y una opción que permite filtrar los hoteles por categoría proveedor, etc.

También podemos citar otras centrales de reserva, como Booking, Expedia, Hotelbeds, Jet 2 holidays, World 2 Meet, Airbnb, Jumbo Tours, Traveltino, Aehcos (Asociación de Empresarios de Hostelería de la Costa del Sol), Turismo de Andalucía, Paradores, NH Hoteles, central de reservas del grupo Meliá, etc.

SABÍAS QUE...

Internet ha facilitado el acceso directo de las centrales de reserva a los consumidores finales. Por ejemplo, la central de reservas hoteleras del grupo Meliá ha creado su propia página web, en la que ofrece los productos directamente al consumidor.

IMPORTANTE

Las siglas CRS se utilizan actualmente para referirse a dos términos diferentes: por un lado, a los primeros sistemas de reserva informatizados de las compañías aéreas que solo facilitaban la reserva de vuelos y, por otro, hacer mención a las actuales centrales de reserva hoteleras.

_____

Los GDS

Las reservas hoteleras pueden realizarse a través de cualquier sistema GDS.

Para realizar una consulta de hotel a través de *Amadeus Selling Platform,* se puede hacer:

Paso a paso	A través de la reserva directa
- Buscando por disponibilidades, por tarifas o por zonas diferentes hoteles.	- En este caso, el cliente tiene preferencia por un hotel determinado, por lo que la reserva se efectuará desde la pantalla de reserva directa.

No obstante, debido a la mayor complejidad del producto hotelero frente al aéreo, estos GDS **pueden conectar a la vez con las diferentes centrales de reserva.**

Según los datos de la Asociación Internacional de Líneas de Cruceros (CLIA), el número de europeos que realizó un crucero en el año 2021 fueron 1.703 millones de pasajeros, lo que supuso un descenso del 81 % con respecto a los años anteriores, debido a la pandemia del COVID-19. De igual modo, los datos muestran una recuperación a corto y medio plazo con un crecimiento medio anual del 36 % con respecto al año 2020.

Guías oficiales

Estas guías están editadas tanto por instituciones como por asociaciones del sector.

Por ejemplo, a nivel nacional se puede mencionar la Guía *Repsol* y a nivel internacional la página web https://www.travelindex.com, que presta información sobre hoteles en todo el mundo e incluye mapas y situación.

 **NOTA**

En la actualidad, dicha información también se puede encontrar en la página web: http://www.travelweekly.com/.

Además de por estos medios, también se puede acceder a estas informaciones a través de:

- ⮩ Las páginas web de los diferentes proveedores de servicios hoteleros.
- ⮩ Las guías editadas por los propios establecimientos hoteleros, los folletos con campañas promocionales, las fichas técnicas descriptivas, etc.

 ## ACTIVIDAD COMPLEMENTARIA

2. Consulta en internet algunas de las centrales de reserva que se han visto y analiza sus características.
3. Busca información en *Amadeus Selling Platform* sobre disponibilidades y precios de habitaciones en Roma para una pareja que desea pasar allí dos noches de su luna de miel durante la segunda quincena de mayo. ¿Cuál es la mejor opción?

Transporte ferroviario y marítimo

Los agentes de viajes ya no pueden sobrevivir solamente ofreciendo billetes, es decir, en la actualidad su labor pasa más por actuar como **consultores y asesores.**

Es por ello que, a la hora de llevar a cabo su función asesora, el agente de viajes tiene ante sí numerosas **fuentes de información para la consulta sobre trayectos, fechas, horarios, plazas disponibles y precios**, entre otros, de transportes ferroviarios y marítimos:

- ⮩ **Plataformas de gestión** *online* **que ofrecen las compañías proveedoras:** por ejemplo, para el producto ferroviario, la consulta puede realizarse a través de la herramienta de gestión que ofrece Renfe, Renfe Agencias. De igual modo, para el producto marítimo, el agente puede dirigirse a la página web de la compañía Transmediterránea.

Página web de Transmediterránea

- ➲ **Sistemas Globales de Distribución:** la búsqueda de información podrá efectuarse a través de los diferentes GDS: Amadeus, Galileo, Sabre y Worldspan.
- ➲ **Agencias mayoristas:** en este caso, intervendrán dos intermediarios: en un primer escalón, la agencia mayorista y, en segundo lugar, la agencia minorista.

En cualquier caso, el agente de viajes deberá cerciorarse de que la información que está transmitiendo al cliente es la correcta. Así, deberá conocer todas y cada una de las ofertas que pueden ser aplicadas, así como todos los productos que ofrece. A continuación y a modo de ejemplo, te enumeramos los descuentos que Renfe ha aplicado en algunos de sus productos (AVE, Larga Distancia, Media Distancia, Cercanías y Feve).

Descuentos de Renfe

https://redirectoronline.com/hott004po0106

Como ves, es importante informarse bien de todas las opciones y ofertas disponibles, para luego informar al cliente sobre la que más le conviene.

En este sentido, el precio que se consiga es de gran importancia. Los clientes, por sus propios medios, son capaces de crear el mismo paquete turístico, pero no al mismo precio.

 ## APLICACIÓN PRÁCTICA

Eres agente de una agencia de viajes y tienes que calcular el precio final de los billetes ferroviarios adquiridos por un matrimonio y sus tres hijos menores.

El trayecto adquirido es Sevilla-Madrid y el precio en clase turista para cada miembro es de 82,50 €.

¿Cómo calcularías el importe total para informar al cliente?

Solución

En primer lugar, se calcula el precio total para los 5 miembros de la familia:

$$82,50 \times 5 = 412,5 €.$$

A continuación, se le aplica el descuento por familia numerosa del 20 %:

$$412,5 \times 0,2 = 82,50 €. \ 412,5 - 82,5 = 330 €.$$

El precio final de los billetes asciende a 330 €.

 ## ACTIVIDAD COMPLEMENTARIA

4. Realiza una consulta para atender a la solicitud de un cliente. Para ello, acude a la página web de Renfe e infórmate sobre los horarios y frecuencias de los trenes de alta velocidad que unen las ciudades de Sevilla y Madrid.

   ¿Qué grado de dificultad implica la realización de esta consulta? ¿Cuáles son los inconvenientes que has encontrado?

Proveedores de mayoristas

Las agencias mayoristas son aquellas que preparan sus productos y servicios turísticos para ofrecerlos a las agencias minoristas, nunca al usuario final.

Los mayoristas realizan la función de creación de surtido propia de los intermediarios, confeccionan paquetes turísticos a partir de una serie de productos individuales suministrados por las empresas proveedoras. De este modo, el turoperador es un fabricante que reconoce que los clientes, por sus propios medios, son capaces de crear el mismo paquete turístico, pero no al mismo precio. En este sentido, los mayoristas mueven altas cifras de clientes y ventas.

 **IMPORTANTE**

Su negocio está fundamentado en el alto número de viajeros que trasladan, pero la rentabilidad por plaza suele ser bastante baja.

Por lo tanto, las agencias de viajes también ofrecen al consumidor final los denominados viajes combinados o paquetes turísticos. El Real Decreto Legislativo 1/2007, de 16 de noviembre, por el que se aprueba el Texto Refundido de la Ley General para la Defensa de los Consumidores y Usuarios y otras leyes complementarias (TRLGDCU), incluye en su artículo 151 la definición de viaje combinado:

> *La combinación previa de, por lo menos, dos servicios turísticos (transporte, alojamiento, servicios de restauración o visitas guiadas), vendida u ofrecida en venta con arreglo a un precio global, cuando dicha prestación sobrepase las 24 horas o incluya una noche de estancia.*

5.3. Proceso para realizar una reserva. Reserva y emisión de la documentación

Una vez realizada la consulta, se ha de **informar al turista.** En caso de que este confirme su adecuación, el agente deberá proceder a la **reserva, venta y emisión de documentos** para que la operación pueda darse por finalizada.

Uno de los procedimientos que revolucionó los sistemas de reserva fue la creación del **PNR** *(Passenger Name Record).* En este sentido, el concepto de PNR se presentó por las compañías aéreas por la necesidad de intercambiar información de reservas de los pasajeros de vuelos de múltiples líneas aéreas.

De manera simple, se puede decir que un PNR es una reserva (de avión, de hotel, etc.), un registro que contiene el itinerario de un pasajero o un grupo de pasajeros que viajan juntos. Es decir, el **PNR contiene los detalles de la reserva y toda la información** relacionada con el viaje.

A continuación, podrás estudiar los procesos que el agente lleva a cabo en la reserva y emisión de documentación en tiempo real para los servicios de los proveedores de:

Transporte aéreo · Transporte ferroviario · Transporte marítimo · Cadenas hoteleras · Mayoristas

Transporte aéreo

Como has visto, el PNR contiene los detalles de la reserva y toda la información relacionada con el viaje. Para este propósito, la IATA, definió un estándar sobre las disposiciones y el contenido de los PNR que en la actualidad sigue en vigor para las reservas aéreas:

- ➲ **PNR individual y PNR de grupo:** en un solo PNR se pueden manejar grupos de hasta nueve personas, es el denominado **PNR individual.** También existe el **PNR de grupo,** que permite gestionar grupos de hasta 99 pasajeros.
  Las reservas de más de 9 personas que viajen juntas deben tramitarse como un grupo.
- ➲ **Elementos que componen el PNR:** el PNR se compone de un conjunto de **unidades de información denominadas elementos,** de los que pueden existir en un mismo PNR hasta un máximo de 999. Sin embargo, debe contener al menos cinco **elementos obligatorios:**

  - ◐ Apellidos y nombre del cliente.

- ◑ Itinerario: vuelo/clase/fecha/día de la semana/origen y destino/ situación/información adicional/hora de salida/hora de llegada/observaciones.
- ◑ Información de contacto del cliente.
- ◑ Situación de emisión del billete *(ticketing)*.
- ◑ Firma del responsable. Agente y oficina que han llevado a cabo la reserva.

Una vez ingresados los elementos obligatorios, se podrá guardar el PNR. De este modo, el sistema de distribución asignará automáticamente un localizador.

Los PNR permanecen **activos en el sistema de distribución durante los 4 días posteriores** a la fecha del último segmento activo o inactivo del itinerario.

Una vez transcurrido este tiempo, el PNR se purga, pudiéndose reclamar durante los siguientes tres años. Además, por defecto, **el sistema ordena a los pasajeros de un PNR** por orden alfabético según el apellido. Sin embargo, esta configuración puede ser modificada en cada oficina si así se desea, haciendo que los nombres de los pasajeros aparezcan en el mismo orden en el que se introdujeron.

Observa a continuación algunos ejemplos:

- ⮑ **Nombres:** nombre del pasajero/s (hasta 9 personas). Primero, se introduce el apellido, seguido de una barra (/), nombre o inicial del nombre más Mr o Mrs (Señor/Señora) si es vuelo internacional, pudiendo poner su equivalente en castellano Sr/Sra si se trata de un vuelo nacional. NM [n·º] (apellido)/(nombre). Ejemplos:

  - ◑ NM1VALLESPÍN/M MR Mr. M. Vallespín.
  - ◑ NM2HUBBARD/CMR/HMRS Mr. C. Hubbard y Mrs. H. Hubbard.
  - ◑ NM1JONES/R MR1SMITH/J MR Mr. R. Jones y Mr. J. Smith.
  - ◑ NM1GRANT/R MSTR (CHD) Niño Mstr. R.G.
  - ◑ NM1JONES/R MRS (INF/JANE) Mrs. R. Jones y Jane (infante).

- ⮑ **Teléfonos:** datos personales del pasajero: AP (ciudad)(teléfono)-H. Tipo: H casa; B oficina; A hotel; F fax. Ejemplos:

  - ◑ AP NCE 04 92496578-H. Teléfono casa del cliente en Niza.
  - ◑ AP MUC 89 456 234-B. Teléfono oficina cliente en Munich.

➲ *Ticketing:* tiempo límite que se fija para emitir el billete reservado. TK (indicador) (fecha/hora)(texto). Indicadores: TL tiempo límite; XL cancelación automática; OK pagado. Ejemplos:

◗ TKTL12AUG. Fecha límite pago 12 de agosto.
◗ TKTL11SEP/1400. Fecha límite 11 de septiembre a las 14:00 h.
◗ TKOK. Billete ya pagado.
◗ TKXL10NOV. Cancelación automática para el 10 de noviembre.

➲ **Recibido:** firma del responsable o persona que hace la reserva. RF (nombre) Persona que efectuó la reserva. Ejemplo:

◗ RFP La reserva la hizo el propio pasajero.

 APLICACIÓN PRÁCTICA

Tomando la estructura de este PNR que Amadeus proporciona tras una reserva, interpreta dicho PNR.

Cabecera ...	RP/MADIB230/MADIB0230 0999ZZ 02SEP / 1012Z C04ECJ					
Pasajeros...	1. SALCEDO/JUAN MR	2. HERNANDEZ 7 PEDRO MR				
Itinerario...	3. IB3162	3. MADLHR HK2	0620	1030	320	0
Teléfonos	4. IB3163	5. LHRMAD HK2	1145	1445	320	0
Ticketing...	5. AP MAD 91 2450381-H					
	6. TK TL01SEP / MADIB0230					
Cabecera: Oficina responsable-Oficina para mensajes-código agente-fecha y hora creación PNR-localizador						

Solución

La primera línea del PNR (línea de encabezado) es generada de forma automática por el sistema, informando también sobre el localizador. En este caso, el localizador es C04ECJ.

• Nombres: 2 pasajeros. Juan Salcedo y Pedro Hernández.
• Itinerario: Vuelo Madrid (MAD, código IATA)-London Heathrow (LHR, código IATA) el día 23 de septiembre en el vuelo de Iberia (IB) 3162. Regreso el día

Continúa en página siguiente >>

<< Viene de página anterior

25 de septiembre, ambos trayectos en clase (c), preferente o de negocios. Ambos vuelos quedan confirmados (HK2), 2 plazas OK.

- Información de contacto con el cliente: contacto al teléfono indicado de casa (H) 912450381.
- Situación de emisión del billete. Ticket, fecha límite de pago el 1 de septiembre (TL01SEP) desde Madrid oficina IB...
- Recibido. Firma del responsable. Oficina responsable de Madrid IB... llevada a cabo por el agente.

En la mayoría de las ocasiones, la **venta y emisión de los documentos de transporte aéreo** se realiza a través del sistema Amadeus.

Se ha de tener en cuenta que los **billetes son individuales** (incluso cuando viajen juntos y bajo el mismo localizador, cada individuo tendrá su propio documento) **e intransferibles** (solo podrá usarlo el pasajero que figura expresamente en el billete). Su emisión resulta sencilla para el agente, este tan solo deberá dirigirse al módulo de impresión del documento y pulsar el botón **Emitir.**

Una vez que se lleva a cabo la adquisición por parte del cliente de la contratación de los servicios, de acuerdo a la normativa vigente, la empresa debe entregar al usuario una confirmación en la que se tienen que recoger también las condiciones de los mismos.

Habitualmente esta conformación se envía de manera electrónica al correo del usuario. Esta confirmación, denominada **localizador,** incorpora un numero de identificación que sirve para la rápida identificación del cliente, las condiciones y los servicios contratados.

 ## ACTIVIDAD COMPLEMENTARIA

5. Busca información en *Amadeus Selling Platform* sobre disponibilidad de vuelos, horarios y precios para una familia que quiere viajar desde Sevilla a Londres en la próxima Semana Santa. Se trata de 2 personas adultas y 2 niños de 8 y 12 años. Les gustaría un vuelo directo y lo más económico posible. Determina cuál es la mejor opción posible.

Cadenas hoteleras

☞ HILO CONDUCTOR

El cliente de Pilar reside en Barcelona y tras la consulta y barajar distintas opciones, finalmente se han decidido por solicitar la reserva en la Costa del Sol, durante la primera quincena de agosto. Su familia se compone de 3 miembros: él, su esposa y un hijo de 15 años. Quieren realizar el desplazamiento por transporte aéreo y contratar el régimen de pensión completa. Con la información ya disponible y la aceptación del cliente, Pilar se dispone a realizar la reserva a través de un Sistema de Distribución Global y una central de reservas.

Una vez que el agente se ha informado sobre el establecimiento hotelero y se ha asegurado de la disponibilidad, el tipo de habitación y el precio, procederá a la reserva de la misma.

Para **tramitar la reserva** de un establecimiento hotelero, el agente dispone de diferentes alternativas. No obstante, el desarrollo tecnológico ha provocado que, entre los diferentes **medios de confirmación de reserva,** en la gran mayoría de los casos se utilice la red, bien en tiempo real o bien a través del correo electrónico. En este sentido, el agente puede contactar directamente con el hotel o puede proceder a la reserva a través de una central de reservas, a través de su sistema GDS, a través de una agencia mayorista de plazas hoteleras o bien a través de una agencia receptiva o corresponsal.

En el proceso de reserva y confirmación hotelera, independientemente del canal utilizado, se suelen establecer **abreviaturas y palabras comunes propias del argot turístico.**

Observa las abreviaturas más frecuentes:

Abreviatura	Significado
A o H	Régimen en solo alojamiento.
AD	Régimen de alojamiento y desayuno.
MP	Régimen de media pensión.
AP	American Plan (régimen que incluye alojamiento y pensión completa).

Continúa en página siguiente >>

<< Viene de página anterior

CHECK IN	Procedimiento de registro de entrada del establecimiento hotelero.
CHECK OUT	Procedimiento de registro de salida del establecimiento hotelero.
CP	Continental Plan (régimen que incluye alojamiento y desayuno).

Abreviatura	Significado
DBL	Habitación doble (generalmente con cama de matrimonio).
DUS	Habitación doble, pero de uso individual.
EP	European Plan (régimen que incluye solo alojamiento).
PAX	Personas.
PC	Régimen de pensión completa.
RATE DAY	Tarifa por día.
S	Habitación tipo suite.
SGL	Habitación individual.
TB	Habitación triple.
TWN	Habitación doble con dos camas.

De este modo, conociendo ya estas abreviaturas comunes en los **procesos de reserva,** se desarrollan a continuación cada una de las **opciones disponibles para el agente:**

➲ **Reserva directa con el alojamiento:** la reserva directa con el alojamiento podrá efectuarse **vía teléfono u** *online.* La reserva vía telefónica consiste en llamar desde la agencia de viajes directamente al hotel en el que se quiere reservar. El coste de esta forma de reserva puede resultar poco económico, además del tiempo utilizado. Por lo tanto, debido a la comodidad y al menor coste, cada vez son más las reservas realizadas a través de la página web del hotel. No obstante, los hoteles pequeños o incluso medianos no disponen de motores de reserva *online* propios, por lo que la reserva directa *online* resulta imposible.

➲ **Reserva efectuada a través de una central de reservas:** es la **forma más utilizada** (debido a su seguridad y rapidez) a la hora de realizar una reserva en cualquier tipo de hotel y en cualquier lugar del mundo. Como has visto, existen diferentes tipos de centrales de reserva y, de manera general, todas funcionan de manera similar. Además, su **funcionamiento suele ser muy intuitivo y son fáciles de manejar.**

Hay centrales de reservas que disponen del sistema *TOR System Advanced* para efectuar las reservas *online. TOR System Advanced* es una herramienta para uso exclusivo de las agencias registradas. Ofrece a los profesionales la posibilidad de diseñar y reservar paquetes de servicios de hoteles, ubicar en un plano cualquier punto de interés y disponer de información útil como guías turísticas, mapas, rutas en carretera, aeropuertos, etc. Además, permite facturar de manera electrónica o pagar directamente el importe de la reserva por cuenta del cliente.

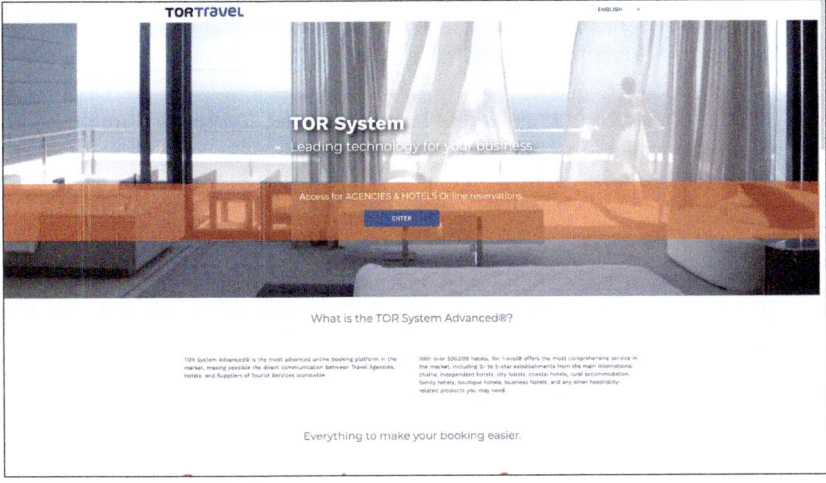

Página web de TOR System Advanced

- ➲ **Reserva efectuada a través de un Sistema de Distribución Global:** aunque es menos utilizado en la actualidad, las reservas hoteleras también pueden efectuarse a través del sistema GDS.
  Los sistemas GDS se configuran como una **forma segura de realizar una reserva** de alojamiento en cualquier parte del país o del extranjero.
- ➲ **Reserva efectuada a través de una agencia mayorista de plazas hoteleras:** la forma de reservar es parecida a la reserva a través de una central de reservas. La principal diferencia estriba en que, en este caso, el **cliente recibe un bono de la propia empresa mayorista** y no de la agencia de viajes.

Mayorista Viva Tours

⮞ **Reserva efectuada a través de una agencia receptiva:** en este caso, al igual que en la reserva efectuada a través de una agencia mayorista, interviene un intermediario más, incrementándose en principio el coste para el cliente final.

Este tipo de procedimiento se suele utilizar en casos poco frecuentes, llevándose a cabo cuando el **agente necesita un mayor asesoramiento,** por ejemplo cuando el cliente desea reservar en un país y hotel totalmente desconocidos por el agente de viajes.

Como consecuencia de la revolución tecnológica, la mayoría de las labores de intermediación entre las agencias de viaje y sus proveedores se realizan a través de la red de **Internet.**

De igual modo, a la hora de emitir los **documentos acreditativos de la reserva hotelera (bonos),** si esta se ha llevado a cabo a través de la red, en la mayoría de las ocasiones, serán los sistemas informáticos los que emitan dicho bono en la correspondiente pestaña de emisión.

 **DEFINICIÓN**

Bono

Documento de carácter informativo emitido por las agencias de viaje contra un proveedor, en el que se le pide la prestación de determinados servicios y con el que, excepto en el caso del bono de presentación, se cubre el coste de los mismos (González, 1999).

Resulta de gran importancia que, previamente a la entrega de la documentación al cliente, se revisen: fechas, tipo de habitación, régimen de alojamiento, etc. No se debe olvidar que **un error en la emisión implica que la reserva no se ha efectuado como el cliente deseaba,** con los problemas que esta situación puede conllevar a la agencia de viajes.

VIAJES VIDA, S.A. C/ REYES CATÓLICOS, 4 41007 SEVILLA TLF.: 956847596 / FAX: 956847597 NIF AN-03-3-31	**BONO DE SERVICIOS - EXCHAGE ORDER** A/*(To):* Hotel Las Góndolas. Tlf.: 954238576 Dirección: C/ Canales, 24. Sevilla *(Address)*	**N.º** _____
Sírvase facilitar a D./D.ª Agustín Fuentes *(Please provide to Mr./Mrs.)*	Adultos: 2 *(Adults)*	Niños: 1 *(Children)*

Sello y firma oficina emisora *(stamp and signature issuing office)* SERGIO G. Fecha: 12/dic/24 *(Date)*	Los siguientes servicios /*(The following services):* 1 habitación triple Entrada: 22/diciembre/2024 Salida: 30/diciembre/2024 Régimen: media pensión Valoración: 802,57 € Reservado confirmado por: César *(Reserved/Confirmed by)* Pagadero por: Viajes Vida *(Payable by)*	Ref.: Fax *(Ref.)*

Bono de alojamiento emitido por la agencia de viajes

 SABÍAS QUE...

Los bonos no están sujetos a las normas IATA, por lo que su formato puede variar de una agencia a otra.

 ACTIVIDAD COMPLEMENTARIA

6. Dirígete a una central de reservas *online* y recopila información sobre los siguientes aspectos:

¿Quiénes son los proveedores de esta central de reservas? ¿Quiénes son sus clientes? ¿Qué ventajas aporta a ambos?

¿Qué productos turísticos pueden ser reservados a través de esta central de reservas?

Continúa en página siguiente >>

<< Viene de página anterior

Además, describe brevemente el proceso. ¿Es sencilla su aplicación? ¿Existe algún otro modo, que no se sea *online*, de realizar la reserva a través de esta plataforma? ¿Cuáles son sus inconvenientes?

7. Eres agente de una gran agencia de viajes española. ¿Dónde acudirías para efectuar reservas hoteleras? Pon algunos ejemplos.

Transporte ferroviario y marítimo

Una vez que el agente ha prestado su servicio de asesoramiento al cliente, debe proceder a la reserva de la misma. Para tramitar la reserva, el agente dispone de las mismas opciones que para la consulta de la información. Es decir, el agente podrá proceder a la reserva a través de las **plataformas de gestión** *online* que ofrecen las compañías proveedoras, a través de los **Sistemas Globales de Distribución** o a través de una **agencia mayorista.**

 SABÍAS QUE...

47,6 mills. de personas optaron por viajar en crucero en 2021. Destacan los destinos emergentes como el Caribe, Asia o China. Siendo Europa el segundo destino más popular de cruceros, tras el Caribe.

Una vez efectuada la reserva, el agente debe entregar al cliente el **documento acreditativo** de la venta:

Transporte ferroviario
- Para los billetes de ferrocarril, salvo excepciones, para cada tren y cada viajero se imprime un billete. Los billetes que se obtienen pueden ser de varios tipos:
    - Billetes de trenes de Renfe en PDF.
    - Billetes en PDF nominativos para trenes internacionales, como por ejemplo para el TGV España-Francia.
    - Justificante de compra, que no es válido para viajar pero que es necesario para retirar el billete ATB, el clásico de cartón, en las máquinas autoventa o taquillas en estaciones de Renfe. Estos billetes no se pueden imprimir en estaciones fuera de España.

Transporte marítimo
- Para el transporte marítimo, tan solo Transmediterránea permite la **emisión electrónica** de pasajes desde una agencia de viajes. Por lo tanto, el resto de compañías envía **bonos de servicio** a agencias de viajes o la tramitación del pasaje se realiza mediante la página web (Ameigeiras, 2012).
- El agente deberá entregar al cliente un billete que presenta ciertas semejanzas con el billete aéreo ATB, siendo también intransferible.

Proveedores de mayoristas

El **procedimiento de reserva** de esta clase de producto turístico se puede llevar a cabo por diferentes medios. En primer lugar y una vez el agente minorista ha confirmado el viaje seleccionado con su cliente, deberá **confirmar y controlar las plazas** de su proveedor mayorista.

Para llevar a cabo esta acción y siempre dependiendo de la agencia mayorista con la que se esté trabajando (ya que en función del proveedor, la agencia de viajes realizará la reserva a través de un GDS, a través de la página web de este, vía *e-mail,* vía fax, etc.), el agente deberá **reconfirmar el viaje** seleccionado a su cliente.

De igual modo que como ocurría con la reserva, respecto a la **emisión de la documentación** dependerá de la agencia mayorista y del tipo de viaje. En algunas ocasiones, será la agencia minorista la encargada de emitir el bono, mientras que, en otros casos, podrá ser la agencia mayorista o turoperador.

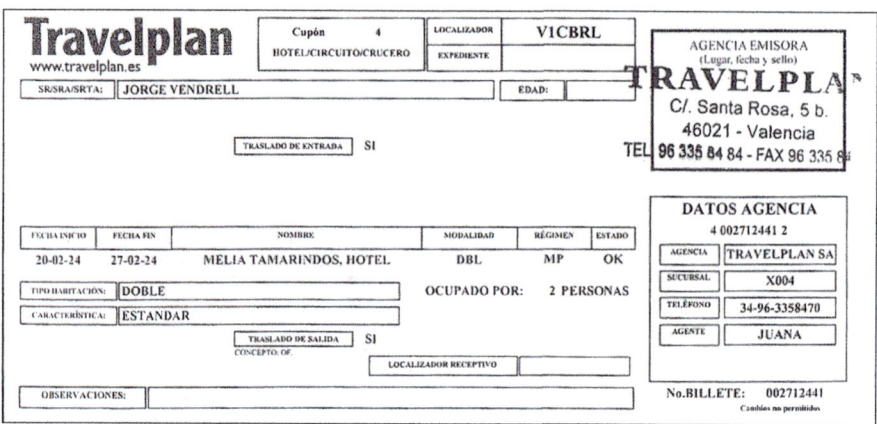

Bono

Hoy en día, el proceso de automatización del sector posibilita que el agente minorista autorizado pueda imprimir el bono directamente, por ejemplo desde la página web de la mayorista o desde los Sistemas Globales de Distribución.

Una vez **emitidos los documentos, se comprobará** que:

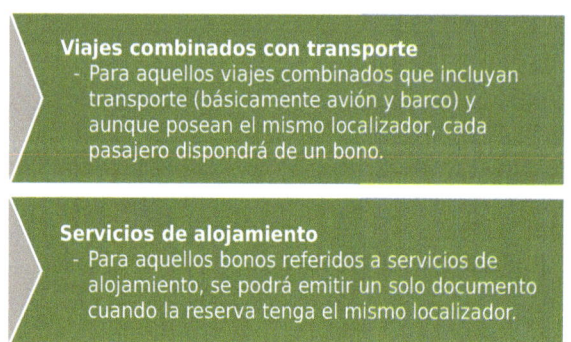

Viajes combinados con transporte
- Para aquellos viajes combinados que incluyan transporte (básicamente avión y barco) y aunque posean el mismo localizador, cada pasajero dispondrá de un bono.

Servicios de alojamiento
- Para aquellos bonos referidos a servicios de alojamiento, se podrá emitir un solo documento cuando la reserva tenga el mismo localizador.

De manera habitual, la agencia de viajes, a la vez que entrega el bono que cubre los servicios del viaje solicitado, entrega al cliente **información adicional del servicio contratado,** que va desde planos de ciudades, folletos, guías, etc., hasta una descripción detallada y en orden cronológico del viaje y los servicios contratados.

5.4. Otros prestatarios

Las agencias de viajes, además de todos los productos y servicios turísticos que se han ido viendo, también realizan **funciones de intermediación para otro tipo de productos,** como pueden ser, entre otros:

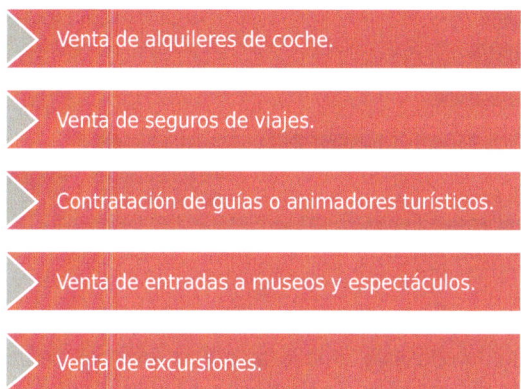

Venta de alquileres de coche.

Venta de seguros de viajes.

Contratación de guías o animadores turísticos.

Venta de entradas a museos y espectáculos.

Venta de excursiones.

Para la **consulta, reserva, venta y emisión de documentos de estos servicios, resulta imposible generalizar,** porque, dependiendo del proveedor, se utilizarán unas alternativas u otras. Entre ellas, destacan: páginas webs de los proveedores, GDS, manuales de uso exclusivo para los agentes, etc.

Ejemplo: reserva de un seguro a través de *Amadeus Selling Platform*

A continuación puedes ver, a modo de ejemplo, cómo se lleva a cabo la reserva de un seguro a través de *Amadeus Selling Platform*.

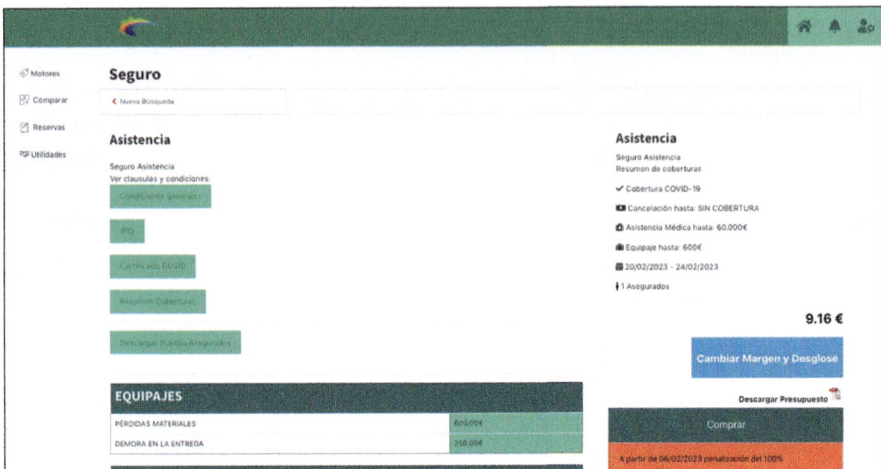

Reserva de seguros en Haiku Seguros

Ante la compra de un seguro, los pasajeros se benefician de la protección de su situación de viaje, ya que las pólizas de seguros incluyen, por ejemplo, la **pérdida de equipaje, la demora o cancelación de vuelos, servicios de salud y médicos o planes multiriesgo.**

En Haiku Seguros, es posible realizar reservas de pólizas de seguros. Como es lógico, Haiku Seguros está disponible para los usuarios de las agencias y proveedores que hayan firmado un acuerdo para vender productos de seguros con este proveedor.

En este sentido, las peticiones de servicios de seguros de viaje se envían al sistema, que devuelve la prima (precio) y reserva las condiciones. A través del producto Haiku Seguros, se podrá:

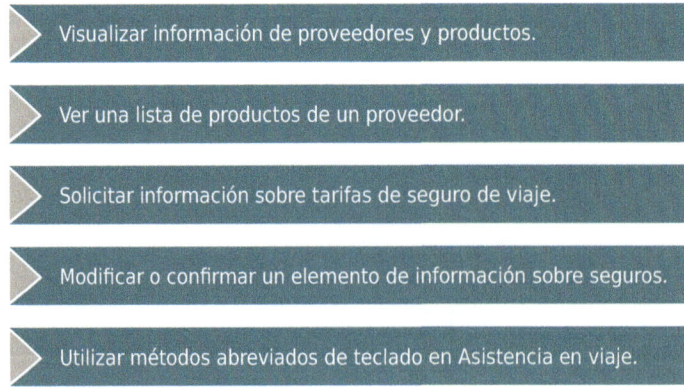

Visualizar información de proveedores y productos.

Ver una lista de productos de un proveedor.

Solicitar información sobre tarifas de seguro de viaje.

Modificar o confirmar un elemento de información sobre seguros.

Utilizar métodos abreviados de teclado en Asistencia en viaje.

ACTIVIDAD COMPLEMENTARIA

8. Dirígete a dos páginas web de diferentes proveedores de servicios de alquiler de vehículos e informa sobre el precio más económico para la siguiente situación:

- Cliente: Sr. Sánchez, de 35 años de edad y con 10 de carnet.
- Alquiler de 10 días para un recorrido estimado de 1.200 km.
- Tipo de coche: Grupo E.
- Recogida de vehículo: aeropuerto de Barajas.
- Entrega del vehículo: Málaga, a las 20 h.

TAREA 3

Accede a las páginas webs de Renfe y de Transmediterránea y, en base a la información obtenida, asesora a los siguientes clientes sobre su mejor opción de reserva:

a. Una familia con 2 hijos pequeños (4 y 7 años) se dirige a su agencia para solicitar información sobre un viaje en tren Málaga-Madrid. La fecha prevista del viaje es el primer jueves del mes que viene, con regreso ese mismo domingo.
b. Un grupo de 6 amigos de edades comprendidas entre 21 y 24 se dirigen a su agencia para solicitar información sobre Interrail. Entre los países que les gustaría visitar, se encuentran Francia, Alemania y Reino Unido.
c. Una pareja de mediana edad, residente en Valencia, desea realizar por transporte marítimo un viaje a Palma de Mallorca durante el mes de septiembre. Buscan la mejor relación calidad-precio.

TAREA 4

Eres agente de una agencia de viajes y llega un cliente que te pide información sobre alojamiento en Málaga para los días 13,14 y 15 de abril, ya que quiere ir al festival de cine celebrado en esas fechas. Para el cliente es muy importante

Continúa en página siguiente >>

<< Viene de página anterior

la ubicación del hotel, ya que quiere que esté en el centro histórico y sea de 3 estrellas.

¿Qué procedimiento has de seguir?

Explica el procedimiento para la realización de la consulta, reserva, venta y emisión de documentos en tiempo real para los servicios demandados.

---

6. Resumen

Los **Sistemas Globales de Distribución** (GDS), junto con las centrales de reserva, se han convertido para las agencias de viajes en un **elemento clave para su competitividad,** ya que ofrecen al usuario rigurosidad y rapidez en la información suministrada. En la actualidad, el profesional, desde la pantalla de su ordenador, es capaz de informar con total seguridad sobre el producto turístico que gestiona.

Los principales **productos comercializados en la actualidad por los GDS** para los diferentes proveedores de medios de transporte y hoteles son:

Reserva de hoteles · Producto aéreo · Transporte ferroviario · Transporte marítimo · Alquiler de coches

Actualmente, **la industria GDS** está controlada a nivel internacional por tres importantes **organizaciones:**

- ➲ Sabre
- ➲ Amadeus
- ➲ Travelport (Galileo y Worldspan)

No obstante, los productos y servicios turísticos, al configurarse como elementos complejos, necesitan para su venta también otras **fuentes más tradicionales,** como los folletos de los proveedores, catálogos, reservas a través del teléfono o fax, etc.

En este sentido, de manera general, la sociedad de la información ha modificado el rol del **agente de viajes,** pasando de ser un mediador a ser un verdadero **asesor en los viajes.** Por tanto, se hace imprescindible que el agente domine todas las fuentes de información y reservas, desde las más tradicionales hasta las más innovadoras, incorporadas a finales del siglo XX y principios del XXI.

Ejercicios de autoevaluación
Unidad de Aprendizaje 1

1. ¿Qué significan las siguientes abreviaturas? Relaciona cada una de ellas con su significado.

   a. GDS
   b. CRS
   c. PAX
   d. SGL

   1. Habitación individual.
   2. *Global Distribution Systems,* Sistemas Globales de Distribución.
   3. *Computer Reservation Systems* o centrales de reserva. En la actualidad, también centrales de reservas hoteleras.
   4. Personas.

2. En España, ¿cuál es el GDS líder?

   a. Galileo
   b. Sabre
   c. Amadeus.
   d. Worldspan

3. Indica si las siguientes afirmaciones son verdaderas o falsas.

   a. Los CRS *(Computer Reservation Systems)* son la evolución de los GDS.

      ■ Verdadero
      ■ Falso

   b. En la actualidad, las agencias de viaje solo utilizan los GDS para las reservas hoteleras.

      ■ Verdadero
      ■ Falso

4. Ordena las fases por las que ha de pasar un agente desde que un cliente llega a la agencia hasta que se marcha.

___ Reserva del producto o servicio turístico solicitado.
___ Consulta de información en las diferentes fuentes disponibles.
___ Emisión de documentos acreditativos de la venta.
___ Venta del producto o servicio turístico.

5. ¿Cuáles son los principales inconvenientes de los GDS?

a. Costosa formación del personal.
b. Infrautilización del sistema.
c. Integración de una gran oferta de servicios en una única interfaz.
d. Coste.
e. Accesibilidad en tiempo real.

6. Relaciona los siguientes elementos.

a. GDS
b. Central de reserva hotelera

1. Catai Tours
2. Sabre
3. Amadeus
4. Central de Reservas

7. ¿Qué es un PNR?

a. Un registro que contiene el itinerario de un pasajero o un grupo de pasajeros que viajan juntos.
b. Un navegador que combina el entorno gráfico con el críptico y además dispone en una sola pantalla de todos los elementos clave.
c. Un Sistema Global de Distribución, *Global Distribution System*.
d. Un procedimiento de registro de salida del establecimiento hotelero.

8. **¿A qué fuentes de información puede acudir el agente de viajes para informarse sobre servicios de transporte ferroviario?**

   a. A las plataformas de gestión *online* de las compañías pro-veedoras.
   b. A los Sistemas Globales de Distribución.
   c. A diferentes agencias mayoristas.
   d. A las centrales de reservas hoteleras.

La distribución turística en internet

Contenido

1. Introducción
2. Análisis de la distribución turística en Internet
3. Las agencias de viajes virtuales
4. Páginas webs y portales turísticos
5. Resumen

Objetivos

El objetivo general de esta Unidad de Aprendizaje es:

→ Analizar la situación actual de la distribución turística en internet.

Los objetivos específicos de esta unidad de aprendizaje son:

→ Explicar la evolución de la distribución turística desde la llegada de internet.

→ Diferenciar las características y particularidades de las agencias de viajes tradicionales y virtuales.

→ Clasificar los diferentes tipos de páginas y portales turísticos, seleccionando la opción más adecuada en función de las necesidades planteadas.

1. Introducción

Internet ha revolucionado el mundo. Se trata de un fenómeno sociocultural de gran importancia que ha modificado tanto los **hábitos de consumo de los turistas** como la manera en la que las empresas comercializan sus productos.

A través de la red, el turista puede llevar a cabo las siguientes actividades: realizar una búsqueda del hotel en la zona en la que quiere hospedarse, formalizar una reserva en dicho hotel a través de una transferencia bancaria, realizar una traducción o recibir un *email* de confirmación.

Por otro lado, en la actualidad, internet se configura como una **herramienta imprescindible y muy valiosa en la comercialización de productos y servicios turísticos.** Desde un punto de vista empresarial, la Red de redes ofrece **ventajas competitivas** respecto a otros medios de comunicación tradicionales: costes reducidos de intercambio de información, velocidad de transmisión alta, relación directa y personalizada con el cliente, control de transacciones y flexibilidad en el uso de los elementos de *marketing* (Guevara, 2004).

Por lo tanto, todo esto no hace sino reforzar la justificación de esta unidad: profundizar en qué está ocurriendo en la distribución turística *online*. Para ello se realizará un análisis de la distribución turística en internet, las agencias virtuales y se verán ejemplos de diferentes páginas web y portales turísticos. Se analizará su situación frente a las agencias de viajes tradicionales y se estudiará la situación actual de las mayores agencias de viajes virtuales en España.

Para el desarrollo del contenido nos basaremos en el caso de Moliner Tours, agencia a la que Pilar, agente de viajes, se ha incorporado para ayudar a su propietaria a adentrarse en el mundo *online*.

2. Análisis de la distribución turística en Internet

 **HILO CONDUCTOR**

Mercedes es propietaria de Moliner Tours, una pequeña agencia de viajes que lleva en funcionamiento desde los años 70. Quiere, con la ayuda de Pilar, una

Continúa en página siguiente >>

<< Viene de página anterior

joven agente de viajes, dejar atrás los métodos más tradicionales y adentrarse en el mundo *online.*

Trabajando en la agencia, Pilar observa que son muchos los clientes que le preguntan por la posibilidad de consultar las ofertas de las que disponen a través de la web. Es, sin duda, necesario que desarrollen una sucursal virtual, combinando así ambos mundos: *offline y online.*

Ante la irrupción de internet, se comprueba cómo se está modificando el mercado de la **intermediación turística.**

La distribución de servicios turísticos es uno de los negocios que ha experimentado un mayor **incremento en las ventas a través de internet.** Por lo tanto, internet constituye un instrumento de vital importancia para la actividad de estas empresas.

De este modo, es importante analizar el impacto de internet y las TIC en la sociedad así como en la estructura del sistema de distribución turístico.

2.1. Penetración de Internet en España

Internet es un **conjunto mundial de redes de ordenadores interconectadas entre sí** que está transformando el mundo en general y el sector de la distribución turística en particular.

En el ámbito de las comunicaciones, internet es considerada como una revolución incluso mayor que la generada por la invención del teléfono, dadas sus características y presencia en la sociedad.

Entre las **características** de esta Red de redes, figuran las siguientes (Guevara, 2004):

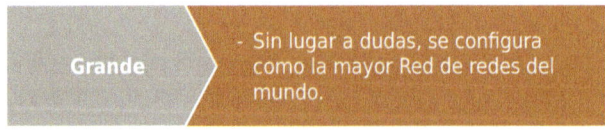

Grande — Sin lugar a dudas, se configura como la mayor Red de redes del mundo.

Continúa en página siguiente >>

<< *Viene de página anterior*

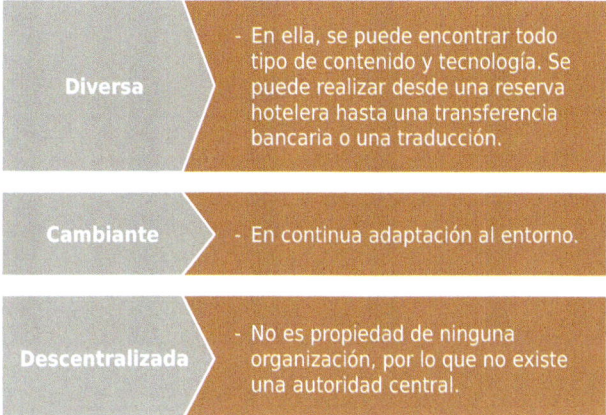

Diversa	- En ella, se puede encontrar todo tipo de contenido y tecnología. Se puede realizar desde una reserva hotelera hasta una transferencia bancaria o una traducción.
Cambiante	- En continua adaptación al entorno.
Descentralizada	- No es propiedad de ninguna organización, por lo que no existe una autoridad central.

 SABÍAS QUE...

De todos los servicios, *World Wide Web (WWW)* es el más conocido y utilizado por los internautas.

En informática, la *World Wide Web* es un sistema de distribución de información basado en hipertexto o hipermedios enlazados y accesibles a través de internet.

Según el informe del Observatorio Nacional de Telecomunicaciones y de la Sociedad de la Información (ONTSI), la utilización de internet en España no se ha producido de manera uniforme, ya que en sus inicios se establecieron numerosas brechas en el acceso según segmentos. En la actualidad, aunque han disminuido, aún se conservan diferencias. De este modo, el uso de **internet es más frecuente entre la población más joven** y entre aquellos con **mayor nivel de estudios.**

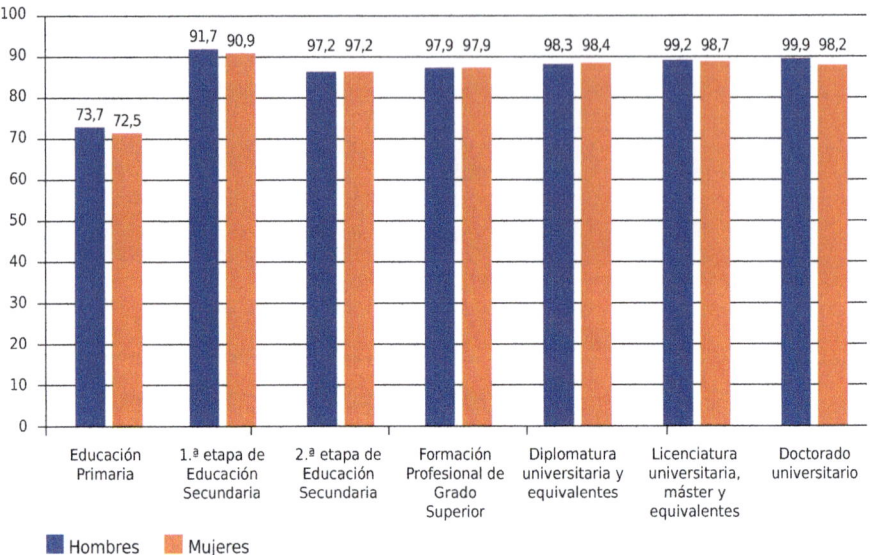

*Porcentaje de usuarios de internet por nivel de estudios. Resultados nacionales
(Fuente: Datos INE, 2022).*

Para el análisis posterior sobre la estructura y el funcionamiento de las agencias de viajes *online,* resulta adecuado realizar un esbozo sobre los avances detectados de esta sociedad recogidas en el informe La Sociedad Digital en España (Fundación Telefónica, 2022), así como de las nuevas tendencias que empiezan a estar presentes:

- **Redes de acceso a internet:** las redes de nueva generación (FTTH) son mayoritarias en el acceso a internet. España es el líder en el despliegue de estas redes, destacando además su gran rapidez. Lo mismo ocurre con la banda ancha móvil de nueva generación, 5G, que ha tenido un gran y rápido crecimiento.
- **Dispositivos de acceso:** el uso de dispositivos móviles para el acceso a internet se ha consolidado, utilizando este medio el 93 % de los usuarios.
- **Canales de comunicación:** el formato vídeo o la mensajería instantánea ganan terreno, usándose ya en el terreno profesional como importantes canales de comunicación.
- **Privacidad:** las cuestiones de seguridad y privacidad siguen teniendo gran importancia para los internautas.
- ***Big Data:*** crece la inversión en el uso de esta tecnología, siendo ya una realidad para grandes empresas y un aspecto que ya están considerando las pymes.
- **Reducción de la brecha digital:** sigue disminuyendo la brecha digital, aumentando el uso de internet en personas mayores de 65 años.

- **Eliminación de barreras reales/virtuales:** se comienzan a difuminar los límites entre el mundo real y virtual, debido tanto a la tecnología como a las relaciones sociales que se establecen en la red.
- **Comercio electrónico y e-Administración:** son aspectos que siguen en continuo crecimiento. Más de la mitad de la población ha comprado por internet o se ha relacionado con la Administración por este medio.

  Como se indica en dicho informe, de acuerdo con los datos de la Comisión Nacional de los Mercados y la Competencia (CNMC) las agencias de viajes y operadores turísticos alcanzaron el 26 % del total de las operaciones realizadas mediante el uso del comercio electrónico.

  Se espera que los viajes sigan siendo uno de los servicios *online* más vendidos hasta alcanzar los siete millones de euros, lo que significará incrementar un 35 % las operaciones con respecto al año 2020.

  Además, las tendencias en este campo apuntan hacia un crecimiento de los ingresos del comercio electrónico desde el móvil.
- **Tendencias de futuro:** además, en el informe se analizan las tendencias de futuro que empiezan a estar presentes, entre las que recogen:

  - Inteligencia artificial *(Machine Learning)*. Se definen normas de convivencia entre sistemas inteligentes y personas.
  - *Wearables, biohacking.* La fusión entre tecnologías y personas da lugar al hombre aumentado.
  - Internet de las cosas *(Internet of Things)*. Los dispositivos cobran vida.

 PARA SABER MÁS

Puedes consultar el informe sobre La Sociedad de la Información en España accediendo al siguiente enlace:

https://redirectoronline.com/hott004po0201

[71]

2.2. La distribución comercial turística y sus intercambios

La **distribución** en el sector turístico puede definirse de una manera muy simple y gráfica como un **puente entre el productor y el consumidor** (Del Alcázar, 2002).

Por otro lado, se define un **canal de distribución** como el **conjunto de protagonistas u operadores económicos que intervienen como eslabones intermedios** que interactúan para hacer llegar el producto desde el productor hasta el consumidor. También puede definirse como el **camino o ruta por el que circula el flujo de productos,** desde su creación en el origen hasta llegar a su venta.

Estructura del sistema de distribución turístico

Proveedores de servicios turísticos	CANAL DE DISTRIBUCIÓN		Mercado
Compañías de transporte (aéreas, marítimas, terrestres)	Agencia de viajes mayoristas/minoristas (AAVV)		
Alojamiento (hoteles, apartamentos, casas rurales)	Agencia de viajes mayoristas (AAVV/TTOO)	Agencias de viajes minoristas	Individuos Colectivos Empresas Organismos
Restauración	Centrales de reservas (CRS)		
Otros (museos, espectáculos, eventos especiales)	Sistemas globales de distribución (GDS)		
Servicios y oferta complementaria	Internet		

Por último, los **intermediarios turísticos** pueden definirse como aquellas **empresas o instituciones que van a mediar entre las empresas turísticas y los consumidores.**

En este sentido, la irrupción de internet, junto con el desarrollo de otras nuevas tecnologías de la información y comunicaciones, modificó sustancialmente la forma de hacer negocios de las empresas turísticas a finales de la década de los 90. De este modo, en la actualidad, se puede distinguir principalmente entre dos **tipos de intermediarios turísticos:**

Con presencia antes del uso internet
- Intermediarios que aparecen en el sistema de distribución turístico antes de la irrupción de internet. Esto no implica que, en la actualidad, dichos intermediarios no utilicen como canal de venta complementario el canal electrónico. Todo lo contrario, la mayoría de ellos están llevando a cabo una estrategia multicanal.
- Así, las agencias de viajes tradicionales han desarrollado sucursales virtuales. De este modo, configuran páginas webs para comunicar su oferta y aprovechan las ventajas de tener presencia *online*.

Con presencia debido al uso de internet
- Intermediarios turísticos que surgen gracias al comercio electrónico y no realizan sus actividades fuera de las tecnologías de la comunicación. Es decir, intermediarios cuyo modelo de negocio está basado solo o principalmente a través de la Red.

 **EJEMPLO**

Como ejemplo de las agencias de viajes tradicionales que han desarrollado sucursales virtuales se puede citar Viajes El Corte Inglés, que, además de sus sucursales físicas, tiene presencia en internet.

En el caso de las que surgen gracias al comercio electrónico se encuentran las agencias de viaje virtuales Rumbo o eDreams o el metabuscador turístico Kayak.

Como ves, internet no tiene que percibirse como una amenaza para los intermediarios turísticos tradicionales, sino todo lo contrario, puede ser una gran oportunidad al permitir llevar a cabo una estrategia multicanal con la que pueden aprovechar las ventajas de tener presencia *online*.

APLICACIÓN PRÁCTICA

Trabajas en un agencia de viajes y te percatas de que las ventas cerradas a través de la página web son muy pocas, debido a la complejidad del funcionamiento de la web, por lo que tienes que tomar medidas al respecto y dejar claro al encargar el nuevo diseño lo que quieres conseguir.

Para ello, explica brevemente al informático que se va a encargar del nuevo diseño qué beneficios puede aportar a un intermediario turístico clásico, como en este caso la agencia de viajes donde trabajas, el tener presencia en internet.

Solución

Además de reorientar y fortalecer su posición en los mercados actuales, entre los beneficios que la adopción del comercio electrónico reporta a estos intermediarios destacan: su supervivencia, el crecimiento de sus ingresos y beneficios, la mejora de su posición competitiva y la posibilidad de expansión o penetración en otros mercados.

---

3. Las agencias de viajes virtuales

☞ HILO CONDUCTOR

Tras plantearle a Mercedes la posibilidad de tener presencia *online*, han decidido crear su propia página web, en la que los clientes puedan informarse.

De esta forma, estos podrán tener una idea de lo que se les ofrece antes de acudir a que Mercedes les asesore, y será más fácil la toma de decisiones. Y por su parte, a Mercedes le permitirá promocionar su agencia.

Como has visto, las agencias de viajes virtuales son una tipología de intermediarios turísticos, en concreto agencias de viajes que surgen gracias al comercio electrónico y no realizan sus actividades fuera de internet.

Página web de Viajes El Corte Inglés

A continuación analizaremos su situación frente a las agencias de viajes tradicionales y estudiaremos la situación actual de las mayores agencias de viajes virtuales en España.

3.1. Agencia de viajes tradicionales frente a agencias de viajes virtuales

Las agencias de viajes (AAVV) son el **intermediario turístico por excelencia.** Sin embargo, ante la llegada de internet han visto peligrar su posición en la distribución de productos en el sector.

No obstante, la mayoría de las AAVV están reaccionando y lo más habitual es que una agencia de viajes tradicional desarrolle una **sucursal virtual,** configurando páginas webs para comunicar su oferta, con la intención de reorientar y fortalecer su posición en los mercados actuales. Es decir, estos minoristas, que en un principio vieron amenazado su negocio por las agencias de viajes online, se reinventan para no quedarse al margen de las nuevas tendencias y, de forma paralela a su negocio principal, desarrollan la versión online (Vázquez-Casielles, 2009).

Por otro lado, tras la generalización del uso de internet, distintos estudios demostraron que los efectos del **aumento de la actividad de comercio electrónico entre los consumidores de productos turísticos** se asociaban con la salida al mercado de pequeñas agencias de viajes, pero no se percibían efectos notables en las más grandes.

Pero en los últimos años, con la **crisis económica,** la situación ha cambiado.

Muchas de las pequeñas y medianas empresas han cerrado. Del mismo modo, ha **aumentado la cuota de mercado de las agencias más importantes.** No obstante, el sector está poco a poco avanzando en su recuperación.

A continuación, se muestra el gráfico publicado por Statista, en el que se puede observar la facturación, en millones de euros, de las grandes agencias de viajes, correspondiente al año 2022:

Cifra de negocio de las agencias de viajes y operadores turísticos

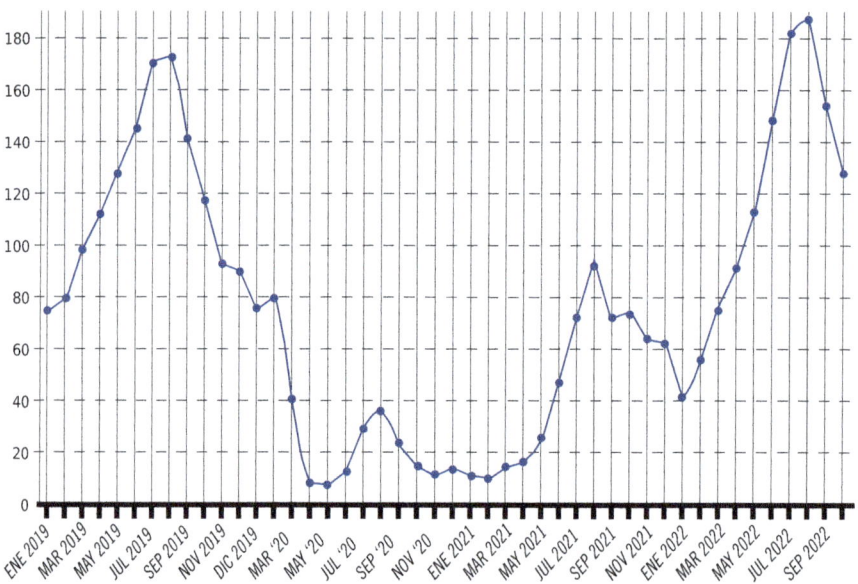

Fuente es IASS (INE)

ACTIVIDAD COMPLEMENTARIA

9. Observa la clasificación anterior sobre las agencias de viajes elaborada por Nexotur y contesta a las siguientes cuestiones:

- ¿Cuáles son los tres periodos más altos y los tres más bajos? ¿A qué crees que se deben esas subidas y bajadas?
- En julio de 2021 y en febrero de 2022 se observa un ascenso en la recuperación del sector. ¿A qué crees que es debido?
- Observando el gráfico anterior, ¿podrías hacer un análisis acerca de la tendencia que crees que seguirá el sector?

3.2. Las agencias de viajes virtuales

Las agencias de viajes virtuales son agencias de viajes, en su mayoría, minoristas, que operan exclusivamente a través de la red. Es decir, ejercen las mismas funciones que una agencia de viajes, pero **sin presencia física y empleando las Nuevas Tecnologías de la Información y Comunicación (TIC) para dar servicio al cliente.**

Cuando el comercio electrónico aún estaba en ciernes, surgieron en EE. UU. varias webs, como Expedia, que comenzaron a acaparar gran parte del tráfico en internet y que agrupaban en un solo lugar novedosos contenidos de valor añadido referidos el mundo de los viajes. De hecho, Expedia, Priceline y Orbitz conforman el podio de agencias de viajes *online* norteamericanas, que fueron las pioneras y en la actualidad siguen estando entre los líderes mundiales por facturación.

En EE. UU. y en la actualidad, aparecen estas y otras agencias representativas. Observa el *ranking* elaborado por Travel Weekly (2022):

1. BOOKING HOLDINGS	6. AMERICAN EXPRESS TRAVEL	11. DIRECT TRAVEL	16. ATG	21. OMEGA WORLD TRAVEL
2. EXPEDIA GROUP	7. FLIGHT CENTRE TRAVEL GROUP AMERICAS	12. HOPPER	17. ARRIVIA	22. AVOYA HOLDINGS

Continúa en página siguiente >>

<< Viene de página anterior

3. AMERICAN EXPRESS GLOBAL BUSINESS TRAVEL	8. CORPORATE TRAVEL MANAGEMENT	13. AAA	18. CRUISE PLANNERS	23. CHRISTOPHERSON ANDAVO TRAVEL
4. BCD TRAVEL	9. INTERNOVA TRAVEL GROUP	14. FROSCH	19. OUTSIDEAGENTS. COM	24. INTELETRAVEL
5. CWT	10. FAREPORTAL	15. WORLD TRAVEL HOLDINGS	20. WORLD TRAVEL	25. ADTRAV TRAVEL MANAGEMENT

Sin embargo, en España, el despegue del negocio de venta de viajes a través de la red no se produjo hasta mediados del año 2000. Hasta esa fecha, solo las compañías aéreas presentaban sitios webs de calidad. El resto de las compañías se limitaban a presentar sitios con un carácter eminentemente informativo y publicitario, mostrando sus productos de forma simple.

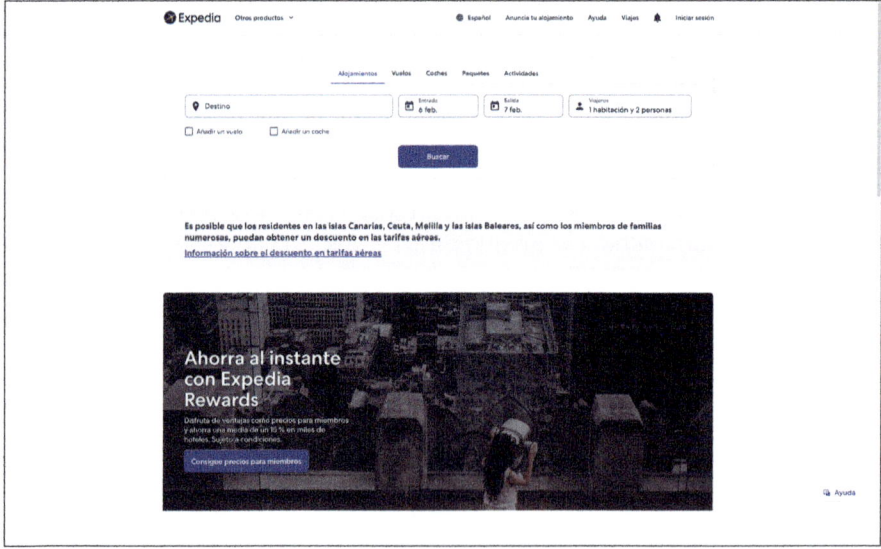

A través de Expedia, el turista puede reservar billetes de avión, habitaciones de hotel, cruceros, paquetes vacacionales, alquilar vehículos y comprar entradas para varios parques de atracciones tanto en la web como por teléfono.

SABÍAS QUE...

Expedia nació en 1996 en EE. UU. fruto de la colaboración entre Worldspan y Microsoft. Bill Gates, presidente de Microsoft, vio que el sector de los viajes era ya entonces uno de los más atractivos para explotar comercialmente en internet. Además, supo buscarse un socio adecuado y ya consolidado en el sector: Worldspan.

La primera agencia *online* fundada en España fue **Mundoviaje**, el 12 de junio de 2000. Se formó gracias a la integración entre Amena, Gesfor y Vie-Viajes. A finales del mismo mes, nace **Viajesweb.com,** del grupo Guay.com, a la que siguieron Viajar.com (perteneciente a Ya.com Internet Factory), **Rumbo** (resultado de la fusión entre el portal Terra de Telefónica y el GDS Amadeus), eDreams, etc. A primeros de 2001, ya existían 20 agencias virtuales.

En los inicios, el producto más ofertado era el **billete aéreo,** pero, gracias a la sofisticación de la tecnología, se ha podido dar cabida a todo tipo de productos turísticos (transporte, hoteles, paquetes vacacionales y circuitos, alquiler de coches, cruceros, actividades y espectáculos, restaurantes, etc.). En este sentido, parte del reclamo de las más importantes mega-agencias en línea es precisamente su gran **variedad de productos** (en realidad se trata de grandes supermercados de viajes) que resultan muy atractivos para consumidores que tratan de reservar productos de viajes.

A pesar de que la gran mayoría de agencias de viajes virtuales pueden ser consideradas como generalistas (al ofrecer una gran variedad de diferentes productos turísticos), existen empresas que se especializan en un solo producto turístico.

EJEMPLO

Ese es el caso de la agencia de viajes virtual Booking.com, que se configura como líder mundial en reservas de alojamiento *online*. Booking presenta una oferta que supera los 28 millones de opciones de alojamiento, además de encontrarse disponible en 43 idiomas.

ACTIVIDAD COMPLEMENTARIA

10. Dirígete a la página web de Booking.com e indica los tipos de productos turísticos que comercializan y qué características tienen.

- -

Según el *ranking* Hosteltur de agencias de viajes españolas (2022), la compra *online* de viajes experimenta una importante recuperación en el año 2022 alcanzando un 38 % de la población muy cercano al 44 % anterior a la pandemia de la COVID-19.

La Confederación Española de Agencias de Viajes (CEAV) ha catalogado el año 2022 como el año de la recuperación de las agencias de viajes.

Ricardo Fernández, director general de "Destinia" asegura que las ventas de viajes en su plataforma a fecha 31 de julio de 2022 se habían incrementado en un 22 % con respecto a los años anteriores.

Según la plataforma PhocusWire, las reservas de viaje en Europa alcanzarán un aumento del 5 % hasta el año 2025.

Es importante señalar que de acuerdo con el estudio publicado por la revista Analytics Insight, el 60 % de los visitantes de un sitio web de viajes, no suelen reservar más de un servicio, por lo que se vuelve fundamental fidelizar a los consumidores y usuarios.

Aunque las cifras de ventas de las agencias de viajes españolas aún no llegan a las obtenidas años antes de la crisis debida a la pandemia, puede verse el aumento en las ventas de las grandes agencias, que evidencia la **recuperación del sector.**

Ejemplo de agencia de viaje *online:* Rumbo

A continuación, se desarrolla el caso de la agencia de viajes virtual Rumbo.

Rumbo es una agencia de viaje *online* española, fundada en el año 1999 con la participación de Amadeus y Telefónica y puesta en funcionamiento en el año 2000. Rumbo surge como una respuesta ambiciosa a las exitosas propuestas de sus competidores Worldspan y Sabre con Expedia y Travelocity, respectivamente.

En la actualidad, a pesar de que el principal sitio web es Rumbo.es, Rumbo ofrece sus servicios en otros 11 países: Portugal, Reino Unido, Francia, Alemania, Holanda, Luxemburgo, Bélgica, Brasil, Argentina, Colombia y Venezuela.

Además, Rumbo puede ser considerada como una **agencia de viaje** *online* **generalista,** ya que oferta tanto billetes de avión y tren como hoteles en todo el mundo, paquetes vacacionales y cruceros, servicios como alquiler de coches y seguros de viajes, etc.

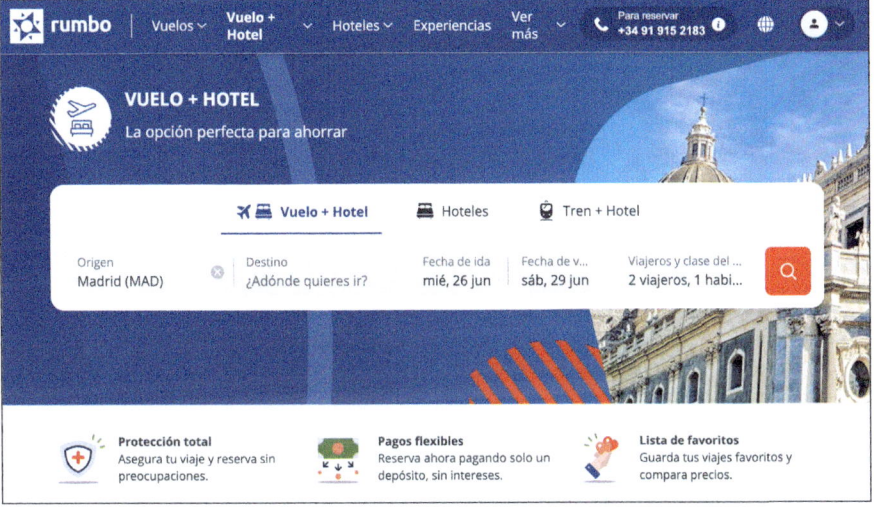

Página web de Rumbo

4. Páginas webs y portales turísticos

☞ HILO CONDUCTOR

Tal y como habían decidido, Moliner Tour ha creado su propia página web, en la que los clientes pueden informarse.

El problema es que existen gran cantidad de páginas y portales virtuales que ofrecen muchas más opciones que ello, son ya muchos lo clientes que, aunque han aplaudido la iniciativa, le han comentado la falta de interacción en la página, no pueden ni realizar las reservas a través de ella.

Gracias a internet, las empresas pueden suministrar **información al cliente desde el sillón de su casa** de forma atractiva, 24 horas al día y 7 días a la semana. En este sentido, numerosas empresas han construido y están construyendo páginas y portales comerciales para lograr algunos de sus objetivos empresariales más importantes.

A continuación, y a pesar de que es complejo seleccionar, organizar y estructurar la ingente cantidad de páginas y portales turísticos, tratamos de establecer una clasificación:

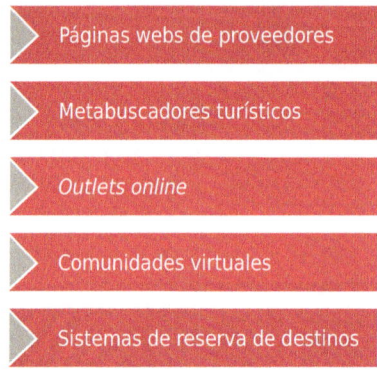

Páginas webs de proveedores

Metabuscadores turísticos

Outlets online

Comunidades virtuales

Sistemas de reserva de destinos

4.1. Páginas webs de proveedores

Internet ha permitido el **acceso directo de los diferentes proveedores turísticos al consumidor final.** Gracias a la utilización de las Tecnologías de la Información (TIC), se inicia una nueva era en las relaciones entre proveedores y clientes.

De este modo, en la actualidad, resulta extraño encontrar proveedores turísticos, como hoteles o compañías de transporte, que no dispongan de página web en la que los consumidores puedan buscar información sobre el servicio que ofrecen, como disponibilidades, precios, características del producto, etc.

En este sentido, una de las principales características del **modelo *low cost*** aéreo (compañías aéreas de bajo coste, como Ryanair o Easyjet) se basa precisamente en la utilización de internet como canal de comercialización de sus billetes. **Internet permite ahorrar costes,** ya que a través de la venta electrónica eliminan las comisiones que antaño pagaban a las agencias de viaje.

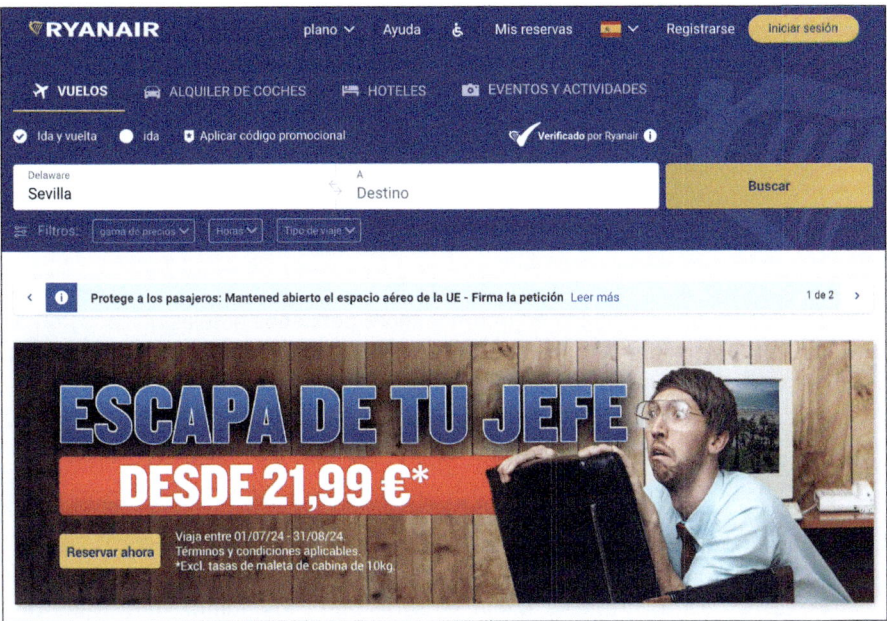

Página web de Ryanair

SABÍAS QUE...

Según Hosteltur, las compras *online* de viajes y experiencias están aumentando hasta alcanzar el 38 % en el año 2022. Este crecimiento está lejos de alcanzar el porcentaje previo a la pandemia de la COVID-19, que se encontraba en el 44 %.

Además debido a dicha pandemia se produjo un cambio en la compra o contratación de los viajes a través de internet, sobre todo entre las personas de más de 65 años que acostumbraba a efectuar la reserva de los viajes de forma presencial y que durante la pandemia adquirieron hábitos digitales pasando de un 25 % a un 35 %.

Respecto a los **proveedores hoteleros,** se puede destacar por ejemplo la gran cadena hotelera Sol Meliá, ya que fue de las pioneras en tener y vender a través de su propia página web.

Por otro lado, en el caso de **pequeños proveedores hoteleros** y debido al alto coste que supone el tener un motor de reserva propio, en ocasiones optan por agruparse y constituirse, por ejemplo, en **centrales de reserva**.

 ## ACTIVIDAD COMPLEMENTARIA

11. Realiza una búsqueda en internet sobre pequeños hoteles ubicados en tu zona de residencia habitual. ¿Poseen página web propia o aparecen en otro tipo de página? ¿Por qué habrán optado por esa decisión?

Ejemplo de página web de proveedor: Hoteles Meliá

En la actualidad, Hoteles Meliá se sitúa entre los líderes mundiales del sector. Hoteles Meliá es una empresa familiar fundada en el año 1957 y que ha sabido adaptarse al entorno, siendo pionera en implantar sistemas de gestión modernos y con visión de futuro.

Página web de Meliá

A través de su página web, se puede reservar en sus más de 367 hoteles repartidos por 35 países. Posee un buscador potente, permitiendo realizar la búsqueda por nombre del hotel o por destino. Además, también se pueden buscar solo ofertas.

Trabaja la fidelización del cliente ofreciéndole descuentos importantes sobre el precio final además de aplicar estrategias de *marketing* relacional a través de su **club de fidelización** Meliá Rewards. De igual modo, sigue adaptándose a las nuevas tecnologías. En su página web, se observa cómo pone a disposición de los clientes *Meliá Reward App,* permitiendo el acceso de forma rápida a toda la información que el turista necesite, en cualquier momento y en el lugar que desee.

ACTIVIDAD COMPLEMENTARIA

12. Busca en internet al menos 3 páginas webs de proveedores de servicios de transporte y otras 3 de proveedores hoteleros.

4.2. Metabuscadores turísticos

Los metabuscadores turísticos son herramientas que recogen los datos de búsqueda, actuando como megamotores de búsqueda, permitiendo a los usuarios **examinar varios directorios web simultáneamente.**

De este modo, ofrecen **resultados de búsqueda en una sola interfaz,** tomando referencia de decenas de webs de servicios turísticos. Así, una vez realizada la búsqueda, el cliente accede a las distintas ofertas para realizar la elección de su producto.

El **modelo de negocio** de los buscadores está basado en:

El Coste Por Adquisición (CPA)	El Coste Por Clic (CPC)
- Será el proveedor de productos y servicios turísticos quien retribuya a la empresa metabuscadora por cada compra realizada por un consumidor.	- El cobro en este caso depende del número de potenciales clientes que el metabuscador sea capaz de derivar hacia la página web del proveedor.

Los metabuscadores surgieron a partir del año 2004 y algunos ejemplos son Kayak, Trivago, MINUBE, Trabber y Momondo.

 SABÍAS QUE...

Google ha creado sus propias plataformas que agregan oferta turística, los metabuscadores *Google Flight* y *Google Hotel.* Sin embargo, *Google Flight Search* –al operar únicamente con las aerolíneas y dejar fuera a las agencias *online*– ha pasado a ser claramente la competencia de las agencias *online* especializadas en producto aéreo.

Ejemplo de metabuscador: Kayak

Kayak es una compañía de tecnología creada en 2004 por cofundadores de Expedia, Travelocity y Orbitz.

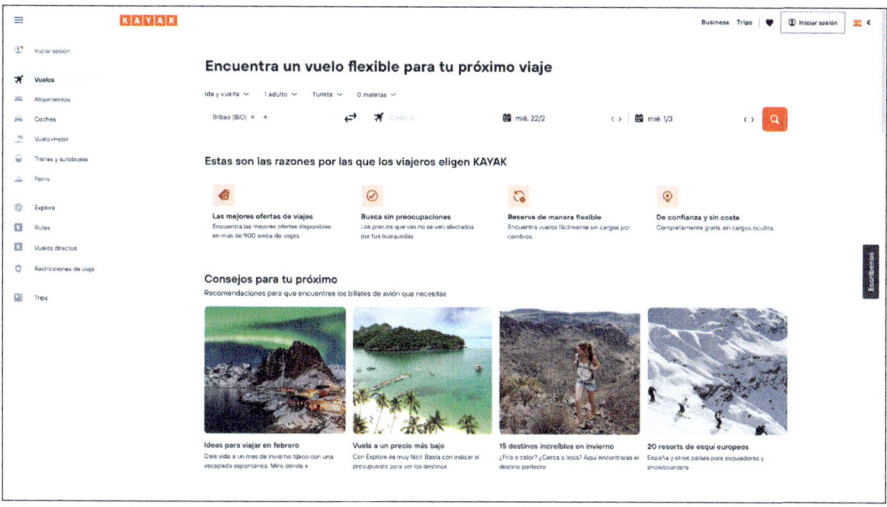

Página web de Kayak

Es uno de los sitios de viaje más visitados y populares por la facilidad y rapidez de búsqueda, ya que **compara cientos de sitios de viaje a la vez.** Se trata de un buscador de viajes que no vende billetes de avión, habitaciones de hotel ni otros servicios, sino que facilita la búsqueda de las mejores opciones de viajes, buscando simultáneamente la información en los sitios de viaje. Una vez que el cliente encuentra lo que desea, el metabuscador le dirige justo a la página web de reservas del proveedor para que finalice su reserva.

 ACTIVIDAD COMPLEMENTARIA

13. Busca información sobre un viaje a realizar durante la próxima Semana Santa a París, utilizando para ello un metabuscador turístico. ¿Realmente resulta útil? ¿En qué página web finalmente se efectuaría la reserva? ¿Por qué?

4.3. Outlets online

El sector del turismo también está siendo conquistado por el fenómeno de los portales *outlets* que **ofrecen productos con grandes descuentos.**

NOTA

La fórmula de las *webs outlets*, en la mayoría de los casos, es el lanzamiento de ofertas con grandes descuentos para un plazo de vigencia determinado (cupones descuento). Con ello, el proveedor (restaurante, hotel, etc.) consigue vender un determinado número de productos que de otro modo tendrían difícil salida.

En cuanto al impacto que tienen estos *outlets online* en el sector turístico, no se conoce. Por un lado, sus ventas actuales pueden estar favorecidas por la coyuntura económica actual, mientras que, por otro, puede tratarse de un nuevo canal de distribución que todavía está en proceso de consolidación.

El concepto de negocio que utilizan estas compañías consiste en que la persona que se suscribe recibe diariamente en su correo electrónico ofertas con grandes descuentos, relacionadas en este caso con actividades turísticas.

Estos portales pueden ser considerados como intermediarios turísticos, ya que incorporan una nueva vía de intermediación, en unos casos alternativa a las agencias de viajes y en otros protagonizada por las propias agencias. En el caso de ofertas relacionadas con el mundo de los viajes y el turismo, existen dos **tipos de portales** que se podrían considerar *outlets online:*

> **Generalistas**
> - Portales generalistas que venden productos variados, como: Groupon, Planeo, LetsBonus, Oportunista, Oferplán o Colectivia.

> **Club privado**
> - Agencias de viaje basadas en este mismo modelo *outlet*, es decir, basadas en la idea de club privado de viajes, al que se accede mediante subscripción y del que se reciben periódicamente mails con las ofertas que se van lanzando. Algunos ejemplos serían: Voyage Privé, Lastminute o Secret Escapes.

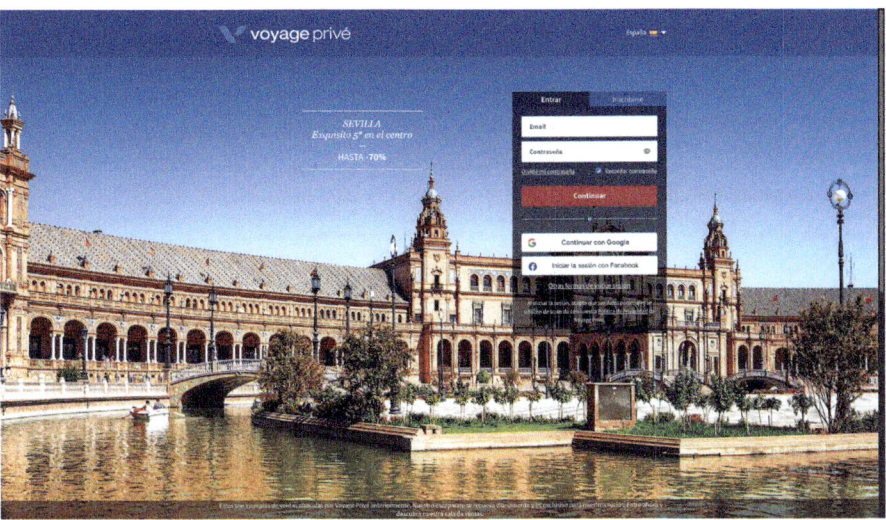

Página web de Voyage Privé

Ejemplo de *outlet online:* LetsBonus

LetsBonus es el **portal de compra colectiva o descuentos del mercado español** que antes se decidió por entrar en los viajes. De hecho, su sección de viajes se constituyó como agencia e integró en una asociación empresarial del sector.

Tras la dura situación a la que tuvo que enfrentarse en 2015, ha remontado y se ha consolidado con un nuevo modelo de negocio: el desarrollo de negocios verticales. Ejemplo de ello es su alianza con eDreams, integrando su oferta de vuelos en el catálogo disponible en la web de LetsBonus, ofreciendo así a sus suscriptores una mayor oferta turística.

Página web de LetsBonus

ACTIVIDAD COMPLEMENTARIA

14. Visita la página web de algún *outlet online*. ¿Hay que inscribirse para formar parte del club? ¿Qué procedimiento hay que seguir?

4.4. Comunidades virtuales

 HILO CONDUCTOR

Continuando con su avance por el mundo digital, por fin Mercedes ha incorporado las reservas *online* y la posibilidad de que los clientes interactúen, lo que le ha hecho darse cuenta de los grandes beneficios que esto le proporciona.

Ha conseguido llegar a un mayor público, ya no solo de su zona geográfica, y observa día a día, cómo sus clientes emiten opiniones que le son de gran utilidad para seguir mejorando y desarrollando un trabajo de calidad.

Ante la llegada de internet, los sitios webs oficiales e institucionales se convirtieron en las principales fuentes de información turística. Estas páginas se caracterizaban por estar formadas por **páginas estáticas,** es decir, **no tenían opción de interacción** con el receptor, ni espacios para realizar comentarios, opiniones, sugerencias, etc. Posteriormente, la evolución del uso de internet hacia los *social media* ha convertido a los **propios usuarios en generadores de informaciones y contenidos,** modificando y aportando dinamismo a dichas páginas.

La gran acogida de esta nueva web en el mundo turístico reside en que estos comentarios y opiniones resultan de gran interés para la toma de decisiones turísticas de otros usuarios. En este sentido, diferentes estudios muestran que los consumidores creen y confían más en las recomendaciones de otros consumidores que en la información proporcionada por las páginas webs oficiales.

NOTA

El año 2006 se caracterizó por la eclosión de la Web 2.0 o los *Social Media.* Este fenómeno se identifica con una mayor participación del consumidor, facilitando la interacción con otros usuarios, compartiendo opiniones y aportando contenido. Es decir, el usuario se convierte en productor y consumidor de contenidos.

La Web 2.0 es una web más participativa, colaborativa, interactiva y bidireccional.

Es decir, este tipo de *sites* se caracterizan por reunir aportaciones de millones de internautas que opinan, recomiendan o desestiman lugares, hoteles, restaurantes o parques de atracciones de todo el mundo. El gestor de la plataforma se limita a incluir datos básicos como la categoría del establecimiento y su ubicación. El internauta puede registrarse y añadir comentarios.

La Web 2.0 proporciona herramientas que permiten interactuar a los usuarios y participar de forma activa en internet.

Estos portales webs suelen tener un **modelo de negocio basado en el redireccionamiento** de tráfico. De este modo, no cobran comisión al usuario, sino al proveedor, mediante CPC (Coste Por Clic), CPA (Coste Por Adquisición) o un modelo mixto. Además, el modelo publicitario tradicional en la web es también una fuente de ingresos adicional.

 **EJEMPLO**

Ejemplos de comunidad virtual son TripAdvisor o Holiday-Truths.

Ejemplo de comunidad virtual: TripAdvisor

TripAdvisor fue fundada en 2000 por Stephen Kaufer y está considerada como una de las primeras páginas bajo el modelo Web 2.0. El objetivo principal de TripAdvisor es **proporcionar recomendaciones imparciales a los usuarios.**

En esta comunidad de viajes *online,* el consumidor puede ver los comentarios y experiencias de otros viajeros y además publicar la suya propia, una vez haya realizado su viaje. Normalmente, se premia a los usuarios más activos y se aplican una serie de normas para garantizar la calidad y veracidad de los comentarios.

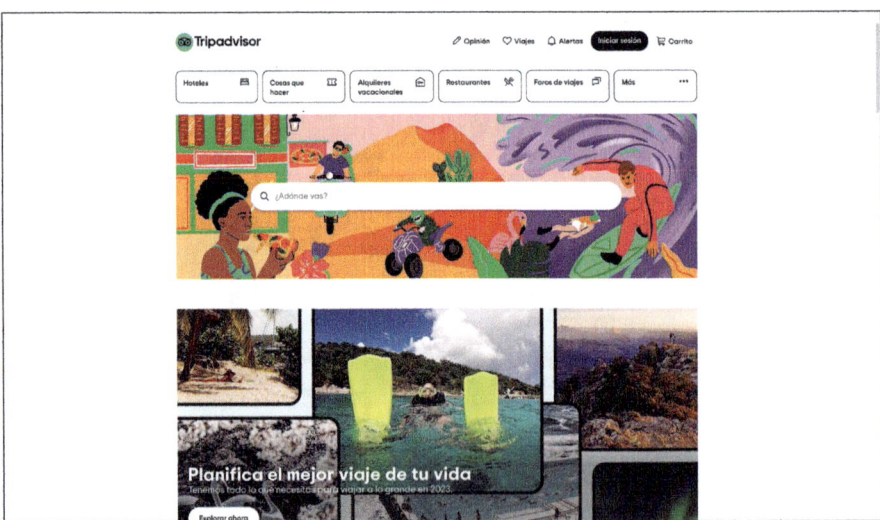

Página web de TripAdvisor

Además, TripAdvisor puede ser considerada como la mayor comunidad de viajeros de internet. Se trata de una página web bien organizada y estructurada que facilita la decisión del consumidor final sobre dónde hospedarse, dónde comer, qué visitar o qué hacer en un destino turístico.

 **NOTA**

No se debe perder de vista la denominada web semántica o 4.0. en la que se potencia la inteligencia artificial y que está centrada en la mejora de la experiencia de usuario, convirtiéndose en páginas activas. Mediante el uso de estas páginas se puede informar al asistente virtual que se quiere un servicio para unas fechas concretas en una ciudad o un tipo de viaje y de forma automática, el asistente llevará a cabo la reserva con las condiciones que le hemos indicado anteriormente.

La web, al igual que todo el campo tecnológico, es un elemento que está en constante evolución, lo que provoca que, aunque no esté implantada la web 4.0 ya se hable de la 5.0.

Este último modelo, también conocido como **web sensorial,** trata de identificar y categorizar las emociones de los usuarios, de forma que se lleve a cabo la interacción de este con los contenidos utilizando elementos externos. Imagina que mientras escuchas música el equipo sea capaz de medir tus sentimientos.

 ACTIVIDAD COMPLEMENTARIA

15. Consulta la página web de TripAdvisor y busca información sobre unas vacaciones que deseas pasar en Galicia. Busca alojamiento en Orense para tres noches durante el mes de agosto. ¿Por qué te has decantado al final por el hotel elegido? ¿Han ejercido influencia las opiniones de otros turistas?

4.5. Comunidades de viajeros

Estas comunidades agrupan a **internautas viajeros que comparten experiencias** en una única plataforma, normalmente, usando como infraestructura los wikis, blogs o foros de discusión.

Blog

Un blog es un **sitio web que recopila cronológicamente textos o artículos** de uno o varios autores. Los blogs son periódicamente actualizados por sus autores, apareciendo primero el post más reciente. Algunos ejemplos son Locuradeviajes, Blogturístico o Wikiloc, un sitio para descubrir y compartir rutas al aire libre a pie, en bicicleta y muchas otras actividades.

Cuando está soportado por una empresa, se trata de un **blog corporativo.** En este caso, el blog tiene además la finalidad de contribuir a que la empresa alcance sus objetivos corporativos. No obstante, la empresa no deberá descuidar la principal finalidad del blog, aportar credibilidad invitando a sus clientes a escribir en él. Un ejemplo de blog corporativo puede ser el que utiliza Booking.com.

Blog de Booking.com

Wiki

Un o una wiki es un sitio web en el que los usuarios pueden crear, modificar o borrar un mismo texto que comparten. De este modo, **sus páginas son editadas por personas voluntarias a través del navegador web.**

En el ámbito del turismo, está por ejemplo Wikitravel.org, un proyecto dedicado a crear una guía de viajes global, gratis, completa, actualizada y confiable que recientemente ha superado en sus diversas versiones las 10.000 guías y artículos, escritos y editados por wikiviajantes procedentes de todos los rincones del globo. Wikitravel nació en julio de 2003, inspirada en Wikipedia.

https://wikitravel.org/es/Portada

 ACTIVIDAD COMPLEMENTARIA

16. Realiza una búsqueda de los siguientes sitios calificados como Sitios Web 2.0:

- <https://locuraviajes.com/blogs-por-un-turismo-responsable-y-sostenible/>
- <https://www.tripadvisor.es>
- <https://www.wikiloc.com>
- <https://www.momondo.es/discover/>
- <https://www.minube.com>

Responde a las siguientes preguntas:

- ¿Son comunidades independientes de usuarios o están gestionados por alguna empresa?
- ¿Se considerarían intermediarios?
- ¿Cuál es el modelo de negocio de Minube.com? ¿Por qué es considerada Web 2.0?

ACTIVIDAD COMPLEMENTARIA

17. Navega por diferentes páginas webs turísticas y pon algún ejemplo de empresa que en su página web incluya algún blog corporativo.

4.6. Sistemas de reserva de destinos

A pesar de que los organismos oficiales de turismo, ya antes de la década de los 90, eran considerados como **intermediarios de la distribución turística,** su labor como distribuidores turísticos se ha reforzado con la llegada de internet.

Se pueden citar como ejemplos el de Spain.info en el ámbito nacional, el de Canarias-turismo o de Andalucía.org en el regional y en el local Barcelona Turisme.

Página web de Barcelona Turisme

Ejemplo de sistema de reserva de destinos: Turespaña

Turespaña es el organismo nacional de turismo responsable del *marketing* de España en el mundo y de crear valor para su sector turístico. En su página web, el turista puede reservar desde diferentes medios de transporte hasta alojamiento en multitud de hoteles. Además, proporciona todo tipo de **información muy útil para los potenciales turistas,** en más de 30 idiomas diferentes, como:

- ¿Qué visitar?, ¿qué ver?, ¿dónde ir?: permite distinguir y abrir diferentes pestañas para ciudades y pueblos, destinos de playa, arte, rutas, gastronomía, deportes, salud y belleza, vida nocturna, etc.
- Información práctica: consejos de viajes, ubicación y contacto con las oficinas de turismo y embajadas, turismo accesible (datos prácticos sobre accesibilidad en determinadas regiones y ciudades de España), etc.

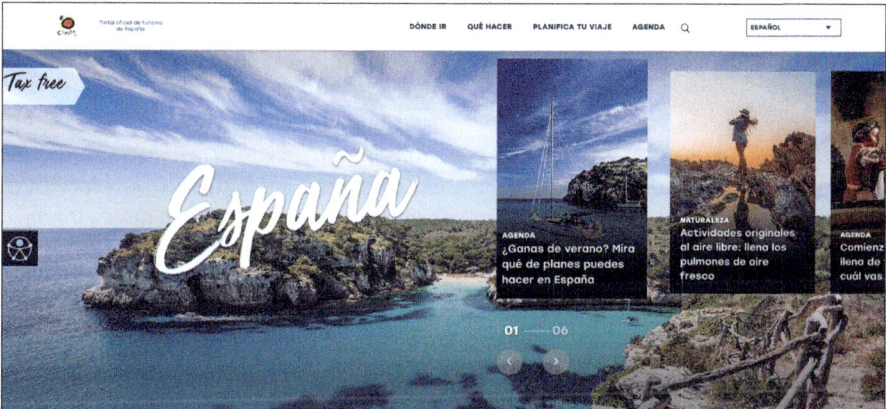

Página web de Spain.info

 ## ACTIVIDAD COMPLEMENTARIA

18. Visita la página http://www.spain.info y enumera las ventajas que puede aportar este portal al turista que desee pasar sus vacaciones en España. ¿Posee central de reservas?

Como ves, la evolución que ha seguido internet y la Web 2.0, permite a los usuarios planificar detalladamente cualquier viaje, indagando en todos los aspectos respecto al mismo y basándose en diferentes fuentes de información.

Además, pueden contribuir a ayudar a otros usuarios participando de forma activa en la comunidad y compartiendo sus propias opiniones y experiencias.

 APLICACIÓN PRÁCTICA

Un amigo chino al que has conocido en un viaje a Londres te pregunta sobre la posibilidad de visitar España. Está un poco preocupado, porque antes de reservar cualquier tipo de transporte y alojamiento quiere conocer qué puede visitar en España que sea de su interés, de la manera más imparcial posible. ¿Qué página web le recomendarías?

Solución

En un inicio, se le podría recomendar la página de Spain.info, ya que, al no tratarse de una empresa privada, será más imparcial que otras. Además, le permite la opción de visualizar toda la información en su idioma, lo que le facilitará tomar una decisión. En esta página, podrá encontrar información muy variada y completa sobre todo lo que puede visitar en España según sus intereses, desde lugares tranquilos en los que disfrutar de la naturaleza hasta destinos con más vida nocturna. En este punto debería saber ya las ciudades a visitar.

Una vez seleccionadas las regiones y dependiendo del presupuesto económico, podrá dirigirse a las páginas webs de los proveedores, por ejemplo Sol Meliá (entre otras vistas), que le garantizan el precio mínimo online en su página y en la que su buscador le permite buscar por regiones o incluso ofertas.

Otra posibilidad es dirigirse a un metabuscador turístico como Kayak o a alguna agencia de viajes virtual como Rumbo (entre otras muchas estudiadas), en las que se le ofertan diferentes hoteles con diferentes características y precios. Además, en comunidades virtuales como TripAdvisor podrá conocer la opinión de otros usuarios que ya han estado.

TAREA 5

Jesús es agente de viajes; ha trabajado toda su vida en el sector turístico, y ha ido adaptándose poco a poco a los cambios que la llegada de internet ha supuesto para el sector.

En función de esto, explica los cambios por los que ha pasado Jesús en el desarrollo de su labor profesional, detallando la evolución que ha sufrido la distribución turística desde la llegada de internet.

TAREA 6

Juana está planteándose la posibilidad de realizar un viaje a algún país asiático. Para ello, quiere tener todo preparado y contratado con antelación: hoteles, transporte, visitas guiadas...

Pero aún tiene que decidir a dónde viajará, así que antes de tomar una decisión quiere informarse sobre la situación de los posibles países, qué podría visitar allí, qué tipo de transporte y alojamiento reservar, etc., por lo que le interesa conocer la mayor cantidad de información posible, incluyendo las experiencias de otros usuarios. ¿A qué fuentes de información podrá acudir para obtener dicha información?

Clasifica las diferentes posibilidades, ya sean agencias tradicionales o virtuales, páginas, portales turísticos... y describe las características de cada una de ellas. En base a dicha clasificación selecciona las fuentes de información más adecuadas a las necesidades planteadas por Juana.

5. Resumen

A finales de los años 90, internet comenzó a revolucionar el sistema de distribución turístico.

De este modo propulsó la transformación de los modelos de negocio de los intermediarios clásicos al tener estos ahora que combinar los mundos *offline* y *online*. Tal es el caso, por ejemplo, de Viajes El Corte Inglés.

Propició el surgimiento de nuevos intermediarios que tan solo operan de manera *online*. Por ejemplo: las agencias de viajes virtuales como Rumbo, los metabuscadores turísticos como Kayak y los *outlets online* como Voyage Privé.

Permitió el acceso directo de los proveedores a los consumidores finales. Por ejemplo: hoteles Meliá o Ryanair a través de su página web.

De igual modo, desde el año 2005, podría considerarse una segunda ola de transformación de la distribución turística. Ante la llegada de la Web 2.0, los sistemas de distribución son más abiertos.

El usuario ya no es un mero consumidor de contenidos, sino que se convierte en productor. Las empresas turísticas han de transformarse de nuevo y crear páginas webs más colaborativas, páginas bidireccionales, interactivas y participativas. En este sentido, diferentes estudios muestran que los consumidores creen y confían más en las recomendaciones de otros consumidores que en la información proporcionada por las páginas webs oficiales. Ejemplos de páginas Web 2.0 son: TripAdvisor, Booking.com o Minube.

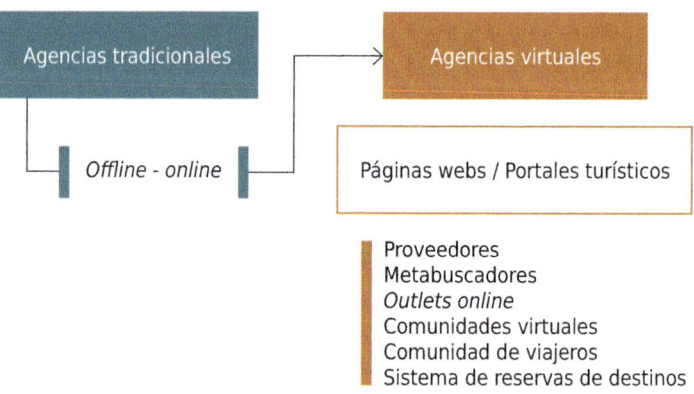

Ejercicios de autoevaluación
Unidad de Aprendizaje 2

1. **En cuanto a las tendencias detectadas en la sociedad española respecto al uso de las nuevas tecnologías…**

   a. … disminuye el comercio electrónico, solo un 5 % de la población compra *online.*
   b. … el uso de dispositivos móviles para el acceso a internet se ha consolidado.
   c. … internet es un entorno de gran dinamismo para la creación de empresas, por ello no se observa la concentración de empresas observada en entornos *offline.*
   d. Todas las opciones son incorrectas.

2. **¿Cuál fue la primera agencia online fundada en España?**

   a. Mundoviaje
   b. Viajesweb.com
   c. Rumbo
   d. eDreams

3. **De las siguientes afirmaciones, indica cuál es verdadera y cuál falsa.**

   a. El fenómeno de las webs *outlets,* que ofrecen productos con grandes descuentos, también está irrumpiendo en el sector del turismo.

      ■ Verdadero
      ■ Falso

   b. Un portal generalista que vende productos variados pero no productos y servicios turísticos es Groupalia.

      ■ Verdadero
      ■ Falso

c. Los abonados o socios de Voyage Privé reciben periódicamente *emails* con las ofertas que se van lanzando.

- Verdadero
- Falso

4. Señala la respuesta correcta sobre la Web 2.0.

a. Es una web menos participativa.
b. Es una web bidireccional.
c. Es un concepto teórico de difícil aplicación práctica.
d. Todas las opciones son correctas.

5. Relaciona los siguientes elementos.

a. Sitio web periódicamente actualizado que recopila cronológicamente textos o artículos de uno o varios autores, apareciendo primero el más reciente, donde el autor conserva siempre la libertad de dejar publicado lo que crea pertinente.
b. Sitio web cuyas páginas pueden ser editadas por múltiples voluntarios a través del navegador web. Los usuarios pueden crear, modificar o borrar un mismo texto que comparten.
c. Algunos ejemplos son el de spain.info en el ámbito nacional, el de Canarias-turismo y el de andalucía.org en el regional y el de barcelonaturisme.com en el ámbito local.

1. Blog
2. Wiki
3. Sistema de reservas de destino

6. Relaciona los siguientes elementos.

a. Tripadvisor
b. Trivago
c. Edreams

1. Agencia de viajes virtual
2. Metabuscador
3. Comunidad virtual

7. En el Coste Por Adquisición (CPA):

    a. Será el proveedor de productos y servicios turísticos quien retribuya a la empresa metabuscadora por cada compra realizada por un consumidor.

    b. El cobro de los servicios depende del número de potenciales clientes que el metabuscador sea capaz de derivar hacia la página web del proveedor.

    c. El pago de los servicios se realiza por parte del metabuscador hacia las empresas o agencias proveedoras.

    d. Todas las opciones son incorrectas.

8. En el Coste Por Clic (CPC):

    a. Será el proveedor de productos y servicios turísticos quien retribuya a la empresa metabuscadora por cada compra realizada por un consumidor.

    b. El cobro de los servicios depende del número de potenciales clientes que el metabuscador sea capaz de derivar hacia la página web del proveedor.

    c. El pago de los servicios por parte del metabuscador hacia las empresas o agencias proveedoras.

    d. Todas las opciones son incorrectas.

Programas de venta o *front office*

Contenido

1. Introducción
2. Diferentes significados del término *front office*
3. Programas o *software* de aplicación de agencias de viaje
4. Resumen

Objetivos

El objetivo general de esta Unidad de Aprendizaje es:

→ Utilizar los programas de gestión de uso habitual en agencias de viajes, tanto para la realización de *front office* como de *back office*.

Los objetivos específicos de esta unidad de aprendizaje son:

→ Describir las funciones de *front office* y de *back office* que llevan a cabo en las agencias de viajes.

→ Enumerar los programas de gestión tanto externa como interna, que pueden utilizar las agencias de viajes, indicando las posibilidades que ofrece cada uno de ellos.

→ Explicar el funcionamiento de los programas de gestión externa o *front office*.

→ Utilizar programas informáticos de tratamiento de texto para la elaboración de documentación en una agencia de viajes.

1. Introducción

Sin duda, en los últimos años, la progresiva implantación de las nuevas Tecnologías de la Información y la Comunicación (TIC) en la industria del turismo ha dado lugar a importantes cambios en lo que se refiere a **nuevas formas de gestión, comercialización, promoción** e incluso interacción entre instituciones y empresas del sector turístico.

Hoy en día, vivimos y formamos parte de lo que se ha denominado **Sociedad de la Información o Sociedad del Conocimiento,** donde el acceso, la distribución, el tratamiento y el aprovechamiento de la información se ha convertido en una actividad común y necesaria en el día a día.

El **sector turístico es muy dinámico y cambiante,** por lo que proveedores y empresas turísticas necesitan disponer e intercambiar información de manera constante para tener conocimiento de las nuevas tendencias del mercado y poder así elaborar estrategias para adaptar su oferta a las nuevas necesidades de la demanda.

La aparición de Internet y la aplicación de nuevas tecnologías han hecho posible el acceso y la distribución de toda esta información actualizada y en tiempo real a nivel mundial, poniendo a disposición de empresarios y consumidores toda la oferta turística de los destinos, lo que ha supuesto importantes avances, tanto en la gestión de los procesos internos de las empresas como en la interacción entre las mismas.

A lo largo de la unidad se verán las aplicaciones *front office* y *back office* que usan las agencias de viajes, analizando diferentes programas. Para ello nos basaremos en el caso de Moliner Tours, agencia a la que Pilar, agente de viajes, se ha incorporado para ayudar a su propietaria a adentrarse en el mundo digital y *online.*

2. Diferentes significados del término *front office*

☞ HILO CONDUCTOR

Mercedes presta especial atención al *front office* en su negocio, esto es lo que ha hecho que durante tantos años los clientes reciban una atención de calidad y acudan a ella de forma habitual.

Ahora, con su reciente presencia en el mundo digital, debe prestar también atención al *front office* en su sucursal virtual. Para ello, cuenta con la ayuda de Pilar.

En general, el término *front office* hace referencia tanto al **lugar físico como a las actividades que constituyen una relación directa con el cliente,** normalmente asociadas a labores de atención, *marketing,* promoción o venta de productos o servicios.

Constituye la **primera toma de contacto con la empresa,** por lo que la acogida, la atención y la calidad del servicio prestado serán las herramientas clave que determinen el logro de la satisfacción de las necesidades de los clientes.

Front office de una empresa

Dentro del sector turístico y más concretamente en gestión hotelera, además del espacio físico donde se desarrollan, este término engloba todas las **actividades relacionadas con la atención al cliente.** En un establecimiento hotelero, por ejemplo, va desde el momento en que establece contacto con el hotel al hacer la reserva hasta que abandona el establecimiento al final de su estancia.

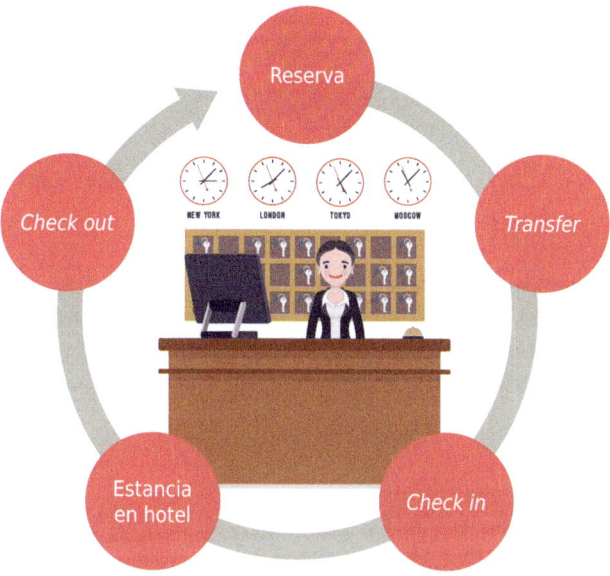

En cuanto a las agencias de viaje, sus **funciones principales** pueden clasificarse en:

- Ordenación
- Asesoramiento
- Intermediación

Son estas dos últimas las más ligadas a las funciones de *front office*, sobre todo en relación con las agencias de viaje minoristas, dedicadas a vender servicios turísticos de forma directa a los clientes.

Funciones de asesoramiento e intermediación en una agencia de viajes

Otra acepción o significado del término *front office,* que es el que realmente interesa en esta unidad, está asociado a una serie de **programas o *software* de aplicación o gestión externa** cuya función es la de **gestionar todas las operaciones de venta** llevadas a cabo en la empresa.

SABÍAS QUE...

El término *front office* se asocia normalmente a funciones relacionadas con ventas y atención al público.

El término *back office* normalmente está ligado a la gestión administrativa y contable.

3. Programas o *software* de aplicación de agencias de viaje

HILO CONDUCTOR

Para la mejora de la atención al cliente, Pilar está analizando una serie de aplicaciones que les pueden ser de gran utilidad a la hora de atender al cliente, agilizando los tiempos y prestando así un mejor servicio.

Continúa en página siguiente >>

<< Viene de página anterior

La atención que Mercedes presta en su agencia, es sin duda de gran calidad, pero cada vez recibe más clientes también de forma presencial y es necesario agilizar los procesos.

La **implementación de las nuevas tecnologías** en turismo está siendo **continua y progresiva.**

En el sector de agencias de viaje, se han desarrollado una serie de programas destinados a **gestionar los procesos comerciales y administrativos** llevados a cabo en estas empresas, que han supuesto notables mejoras en cuanto a la organización y el desempeño de las funciones asociadas a estas áreas de trabajo.

NOTA

Cada agencia de viajes utiliza el programa que más se adapta a su estructura e incluso algunas de ellas, como es el caso de Halcón Viajes, desarrollan programas de gestión específicos para sus oficinas.

Existe una amplia variedad de aplicaciones. En cuanto a las de ***back office*** **o gestión interna,** las agencias de viaje pueden utilizar aplicaciones propias de agencias, como es el caso de *GIAV,* o programas contables, algunos tan conocidos como *ContaPlus* (actualmente existe la versión *Sage 50Cloud)* o *ContaPlus* o *Contasimple.*

En el caso de los **programas de *front office,*** cabe señalar como ejemplos de referencia: *OfiViaje, Orbis* y *Salestrip,* entre otros.

3.1. Programas de gestión interna o *back office*

☞ HILO CONDUCTOR

Para la gestión interna están valorando el uso de *ContaPlus (o Sage 50cloud)* o *ContaSol.*

Pilar domina este tipo de programas a la perfección y cree que les ayudará a organizar mejor la documentación e información de los clientes y agilizar mucho los procesos.

Están relacionados principalmente con la gestión de actividades de administración y contabilidad. Pueden ser:

Programas específicos aplicables a cualquier empresa
- Programas específicos, cuya utilización es aplicable a cualquier tipo de empresa, como es el caso de los reconocidos programas contables *Contaplus* o *Contawin.*

Programas diseñados para agencias de viajes
- Programas diseñados específicamente para agencias de viaje, como por ejemplo *Beconta.*

Aplicaciones adaptadas
- Aplicaciones que se encuentran ya adaptadas, incluidas o, en todo caso, interconectadas con los programas de gestión externa o *front office,* como es el caso de *Oficonta.*

Entre otras **funcionalidades,** estos programas permiten:

- ➲ Control de acreedores y pendientes de cobro.
- ➲ Emisión de facturas de proveedores.
- ➲ Establecimiento de liquidaciones automáticas.
- ➲ Liquidación automática de impuestos.
- ➲ Generación de informes estadísticos por productos, proveedores, etc.
- ➲ Generación automática de asientos contables.
- ➲ Control diario de bancos y caja.
- ➲ Gestión de nóminas.

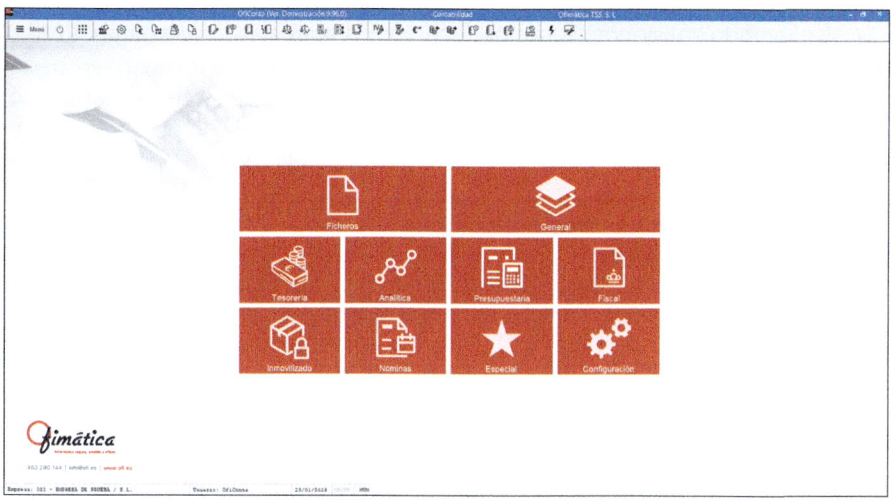

Programa OfiConta

3.2. Programas de venta, de gestión externa a *front office*

👉 HILO CONDUCTOR

Aunque Mercedes ya utiliza algún programa informático cuando atiende a los clientes en sus oficinas, Pilar también está valorando la forma de mejorar esa atención mediante el uso de algún programa de *front office*.

Con el aumento de clientela que están experimentando, esto les será de gran ayuda para agilizar los procesos.

- -

Como se puede apreciar en casi cualquier ámbito de la vida diaria, los avances en herramientas y aplicaciones tecnológicas mejoran y se desarrollan a un ritmo cada vez más rápido.

El *software* y los programas de gestión han ido evolucionando a la par que las nuevas tecnologías, desarrollando interfaces y aplicaciones cada vez más sencillas e intuitivas que **facilitan y agilizan el trabajo.**

Los programas de *front office* para agencias de viaje están diseñados para poder desarrollar diversas funciones que hoy en día pueden ir desde la apertura de expedientes y reservas hasta la gestión de pagos a proveedores,

[113]

incluyendo emisiones de bonos, facturas, contratos de viaje y muchas otras prestaciones, como el acceso directo a GDS, centrales de reserva o webs de mayoristas. También ponen a disposición de la empresa herramientas de *marketing* como la gestión de *mailings* de clientes reales o potenciales o la emisión de informes sobre las preferencias de viaje de los usuarios.

Entre los **programas más conocidos y utilizados** destacan los que se detallan a continuación.

_____

OfiViaje

Software diseñado para agencias minoristas. Entre otras aplicaciones, permite:

- Gestión de expedientes de viaje, con control de todos los servicios asociados y con emisión en cualquier formato de toda la documentación relacionada: conformaciones, bonos, facturas, etc.
- Control por vendedor de reservas pendientes.
- Control de cobros y facturación, con arqueo diario de caja por agente de venta.
- Acceso directo para reservas con las webs de mayoristas, GDS y centrales de reserva. Permite conexiones con Amadeus, Galileo, Sabre, Bancotel, Bancotel, Brittany ferries, Catai tours,Costa Cruceros, Europlayas, Hotusa, Iberojet, Iberrail, Juliàtours, Kuoni, Marsol, Mundicolor, Panavision tours, Politours, Pullmantur, Rhodasol/Turimar/Turjet, Sercotel, Soltour, Travelmar, Turavia, Utell, Vivatours, entre otros.
- Generación de informes comerciales y estadísticas de producción de clientes, proveedores, vendedores, productos, etc.
- Creación de bases de datos, envíos de SMS a los móviles de clientes, como potentes herramientas para campañas de *marketing.*

Para que su utilización sea sencilla, estos programas suelen agrupar sus funciones en lo que se denomina **Menú general de aplicación,** que se compone de diferentes pestañas que, por su nomenclatura o imagen asociada, indican qué acciones se pueden realizar en cada una de ellas.

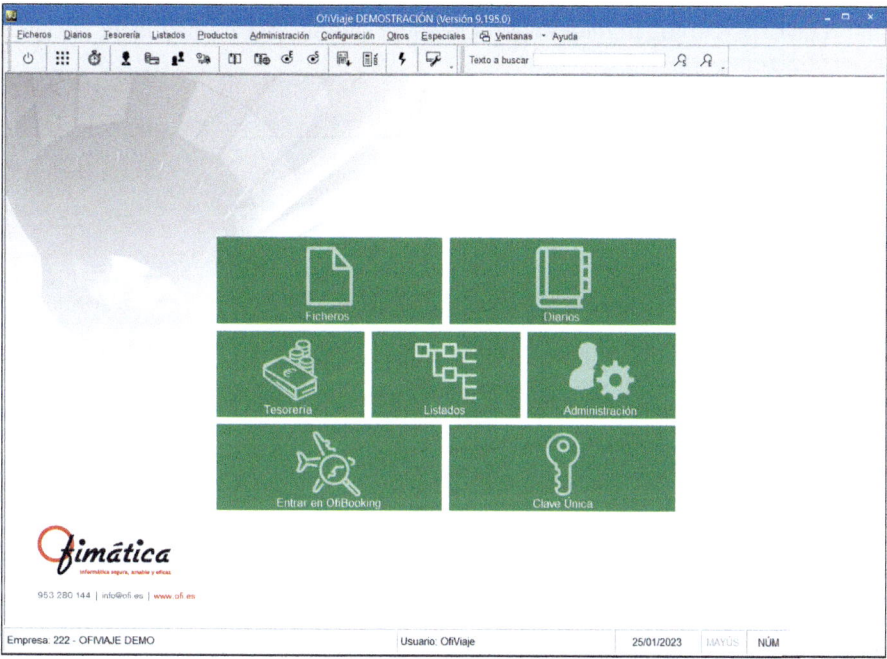

Programa Ofiviaje

 **NOTA**

No hay un modelo a seguir, puesto que cada programa diseña la estructura de su interfaz de manera diferente, aunque por norma general suelen ser muy parecidos.

OfiMayor

En este caso, el programa en cuestión está desarrollado para su utilización por agencias **mayoristas y receptivas.**

Sus funcionalidades son prácticamente las mismas enumeradas en el apartado anterior y van desde la creación de productos y servicios, gestión y venta de los mismos, tratamiento de expedientes y documentación asociada (bonos, facturas, confirmaciones, etc.), hasta cotizaciones de grupos, gestión y pago de facturas a proveedores y emisión de listados e informes comerciales, entre otras.

Los expedientes tramitados en *OfiMayor* pueden ser individuales, de grupos o circuitos.

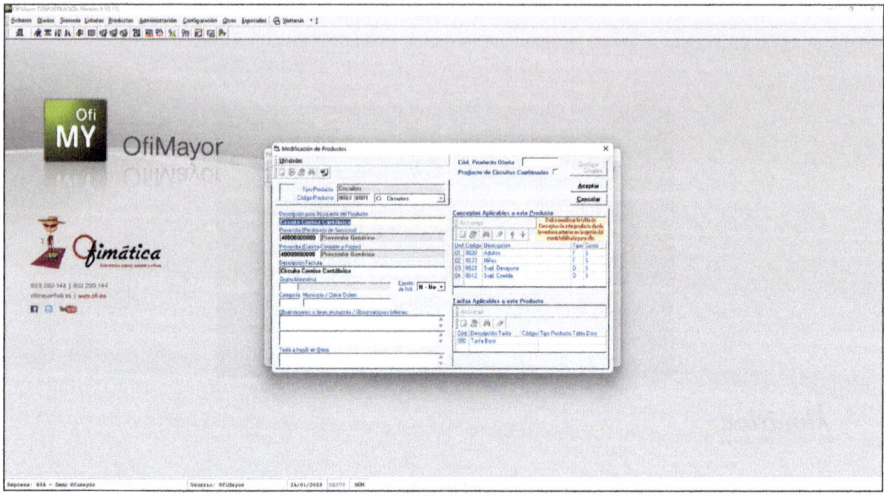

Programa OfiMayor

OfiTour

Es un *software* especializado y motor de reservas webs, dirigido a **agencias mayoristas, turoperadores, centrales de reserva, gestores de destinos turísticos** y cualquier empresa que desee la publicación, gestión y venta de productos y servicios turísticos en su página web.

Los productos y servicios, una vez definidos, son publicados en la página y así, previa decisión de la empresa, estarán a disposición del cliente directo (B2C) o de otras agencias y empresas (B2B) para la tramitación automática de su reserva.

A través de *OfiTour,* se puede gestionar la comercialización y venta de productos tan diversos como circuitos y excursiones, alojamientos hoteleros, entradas y visitas, paquetes turísticos, etc.

Cada producto puede organizarse por temporadas de contratación, según sus prestaciones o características. Se pueden incorporar fotos, coordenadas geográficas, textos en sus descripciones y todo un amplio abanico de posibilidades.

 **NOTA**

Algunas de las empresas que utilizan este programa son la cadena de hoteles Zenit (www.zenithoteles.com) y el mayorista de viajes tramuntana (http://www.tumayoristaenbaleares.com), entre otras.

- -

OfiOTA

Esta aplicación permite a las agencias de viajes que no tienen presencia *online* disponer de una página web utilizando las diferentes aplicaciones de gestión que utilizan, como reservas de vuelo, paquetes vacacionales, hoteles, etc.

Se conecta con los GDS de Travelport, Amadeus, Iberia, British Airways, así como con los turoperadores Soltour, Travelplan, Quelonea, Jolidey y New Blue. Destaca su motor de alojamientos que permite mostrar la disponibilidad en tiempo real de los siguientes proveedores: Bedsonline, Veturis, W2M, WelcomeBeds, Tour10, Shers, Restel/Keytel, Destinations of the World, Sololé, Jumbobeds, Portimar/Turimar, Zenit Hoteles, Cantábrico y Syctravel.

Orbis

Prácticamente permite las mismas opciones que los programas descritos anteriormente: gestión de expedientes y reservas, emisión de documentación acreditativa, recibos, albaranes, facturas, presupuestos, control de cobros, cálculo de IVA, etc.

Gestiona la información de las **reservas aéreas, de hotel y de coche,** realizadas a través de los sistemas Amadeus, Galileo y Worldspan, así como las reservas de tren realizadas a través del sistema SIRE (Renfe).

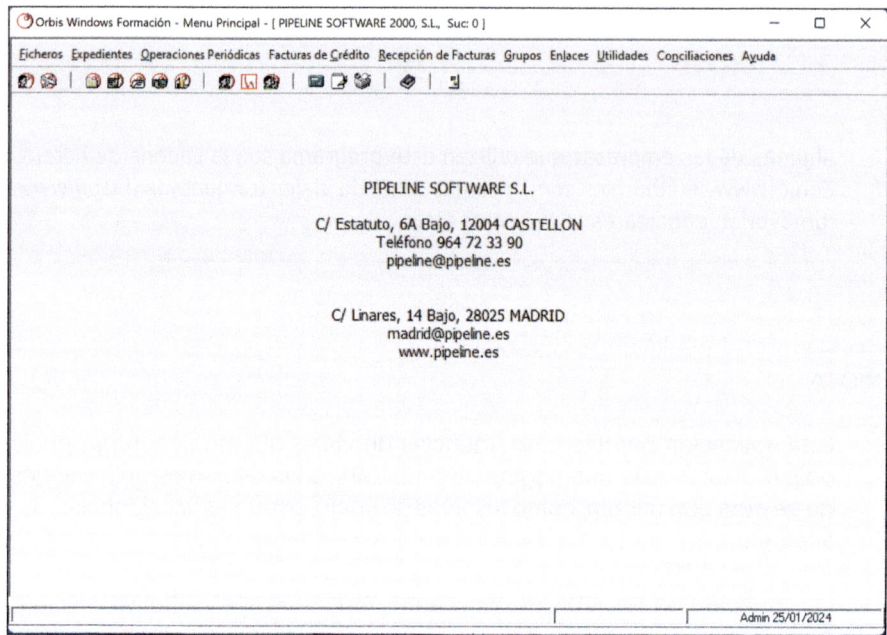

Programa Orbis

Beroni

Es una aplicación diseñada para **agencias minoristas** y, además de permitir las mismas funciones enumeradas anteriormente, tiene acceso a la realización de reservas para agencias de viajes de Expedia (Expedia TAAP), Carrefour Viajes, Grupo Star, Globalia, entre otros.

 ## ACTIVIDAD COMPLEMENTARIA

19. Analiza los programas descritos, comparando el programa OfiTour con el resto.

3.3. Ejemplo de programa de gestión: *OfiViaje*

👉 **HILO CONDUCTOR**

Pilar está considerando seriamente la posibilidad de usar *Ofiviaje*.

Nunca antes lo había utilizado, pero su interfaz y menús parecen bastante sencillos de utilizar y muy intuitivos.

Tomando como referencia el programa *OfiViaje*, a continuación detallamos el funcionamiento de sus menús más importantes:

Menú Ficheros

Antes de comenzar a trabajar con el programa, es imprescindible la **introducción de la información** necesaria para la generación de diferentes bases de datos en el menú **Ficheros.**

Una vez completado, se podrán **consultar en él todos los datos** referentes a: vendedores, formas de pago, clientes, proveedores, destinos, claves utilizadas para designar los diferentes servicios, situación de los expedientes, datos de bancos con los que se vaya a trabajar, etc.

Además, a medida que se utiliza el programa, se van generando otras bases de datos muy interesantes, como *mailing* de clientes potenciales o direcciones útiles.

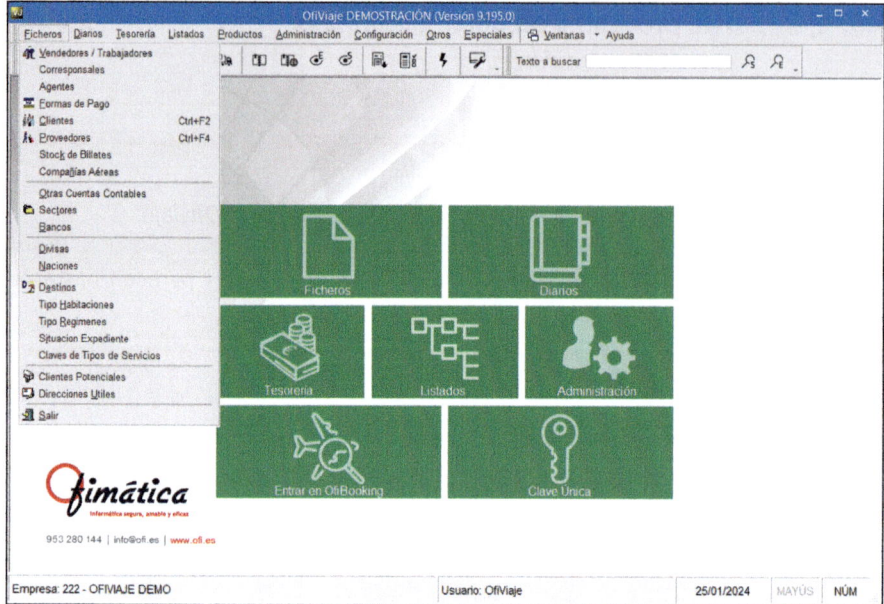

Menú Ficheros de OfiViaje

A continuación, se describen las **opciones más significativas** de este menú:

◗ **Vendedores:** este fichero, una vez completado, contendrá los datos personales y comerciales de los vendedores que trabajan en la agencia. A cada uno de ellos se le asignará un número o clave que después servirá de referencia para su identificación en todas las operaciones que realice. Además, se pueden introducir observaciones internas de cada vendedor y generar informes y estadísticas.

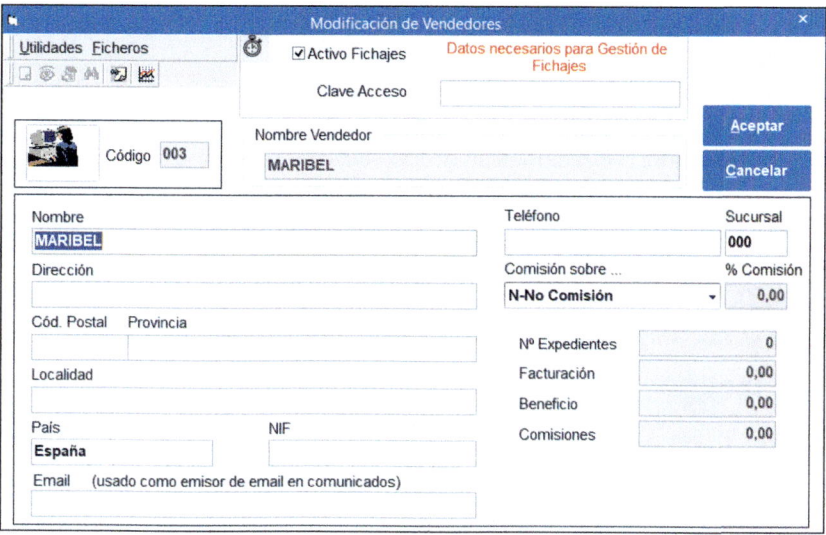

Menú Ficheros/Vendedores de Ofiviaje

◑ **Proveedores:** además de introducir todos los datos referentes a cada proveedor, esta aplicación permite otras opciones, como el registro de posibles incidencias, la definición de comisiones o precios fijos, el establecimiento y la gestión de cupos o la emisión de listados estadísticos o de producción.

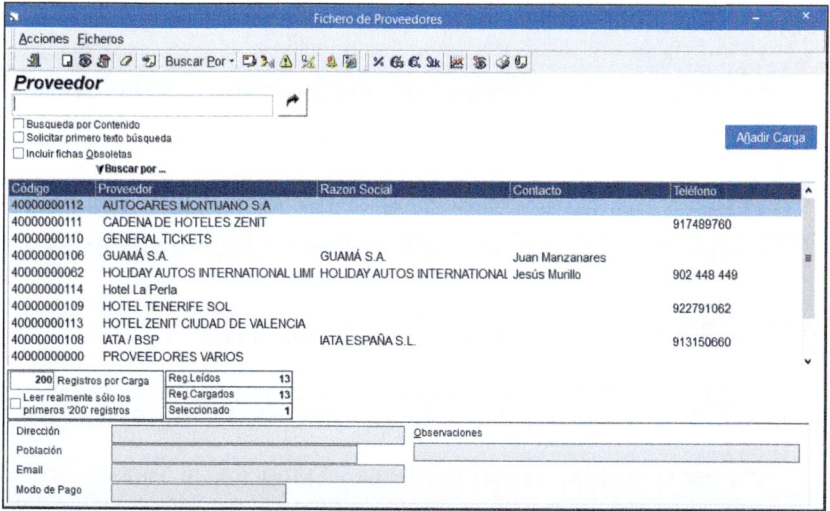

Menú Ficheros/Comisiones

Menú Diarios

Es el menú más utilizado, puesto que con él se realizan todas las **operaciones vinculadas a los expedientes de viajes:** reservas, confirmaciones, facturación, cotizaciones de grupo, etc.

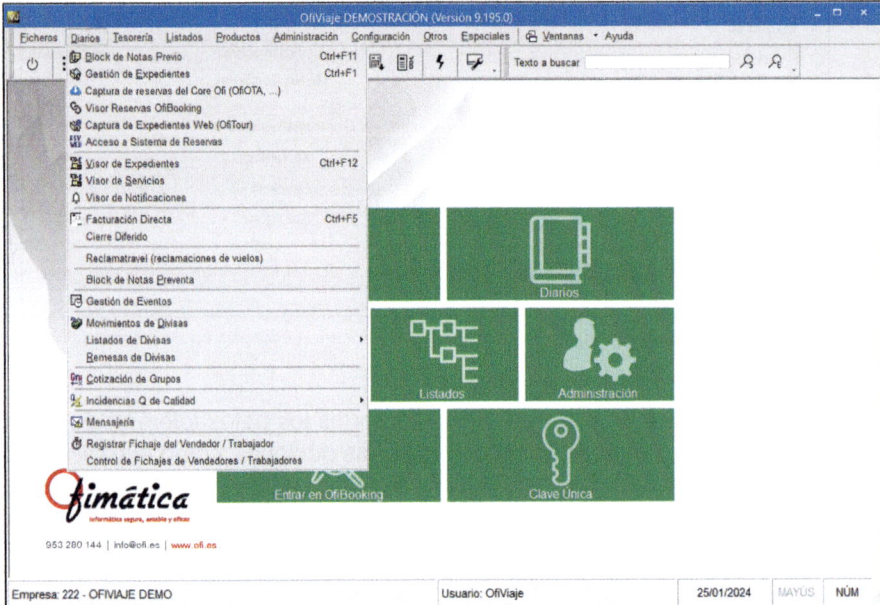

Menú Diarios

A continuación, describimos las **opciones más significativas** de este menú.

Gestión de expedientes

Esta es sin duda una de las aplicaciones más importantes del programa. Estos son algunos de sus iconos más utilizados:

- ⊋ ⬚ Permite la creación de un nuevo expediente.

- ⊋ 🏚 Permite modificar la información del expediente seleccionado.

Una vez creado un nuevo expediente, el programa le asignará un número (n.º de expediente) y, a partir de ahí, se procederá a completar los datos del mismo, como los referentes al cliente, los servicios, los pasajeros (si son varias personas las que viajan), la facturación y otra información que se considere de interés. Estos son algunos iconos que se utilizan para la asignación de **servicios:**

Iconos gestión de expedientes

Permite ir añadiendo nuevos servicios al expediente. Algunos ejemplos son:	Al igual que con la apertura de expedientes, este icono permite la modificación de cualquier servicio que se seleccione.
- Servicio de alojamiento	
- Circuitos	Si se pulsa este icono, se borra el servicio seleccionado.
- Servicios de transporte: avión, tren, barco, autocar y alquiler de vehículos respectivamente.	Se utiliza para confirmar el servicio seleccionado.
- Servicio de restaurante	
- Contratación de seguros	Este icono es muy interesante, puesto que permite emitir e imprimir el bono asociado al servicio elegido.
- Otros servicios	

Al igual que con los servicios, con la opción **Pasajeros** se gestiona toda la información relativa a los pasajeros del expediente. Los iconos con los que se trabaja van a ser prácticamente los mismos a los que se ha hecho referencia en el caso de los servicios. Una vez recopilada la información sobre los pasajeros y los servicios y confirmadas ya las reservas de los mismos, se puede proceder a la facturación. Para ello, se utiliza este icono 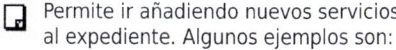 .

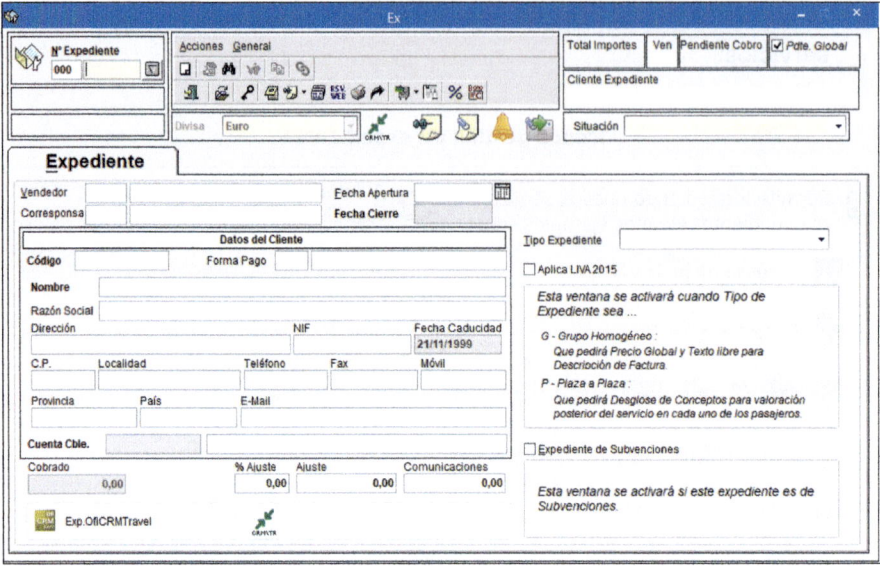

Menú Diarios/Gestión de expedientes

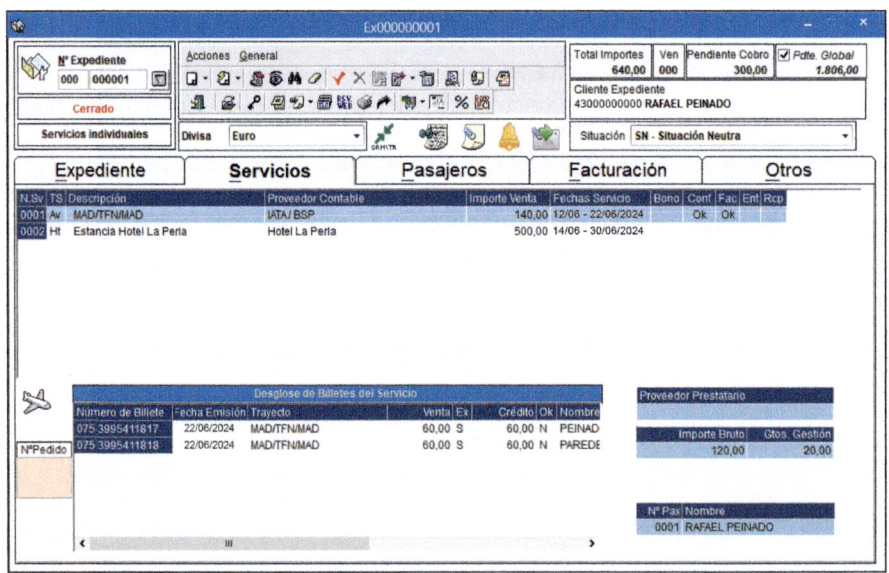

Menú Diarios/Servicios expediente

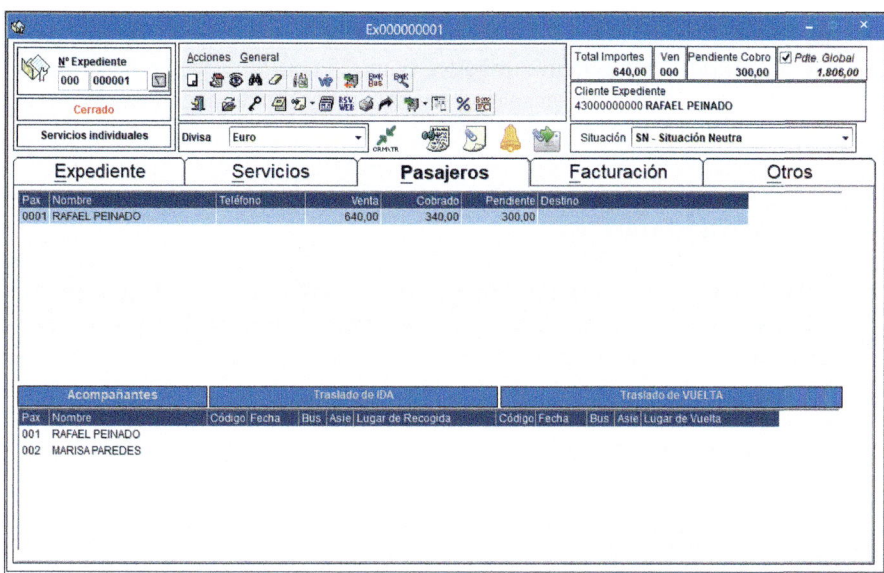

Menú Diarios/Pasajeros expediente

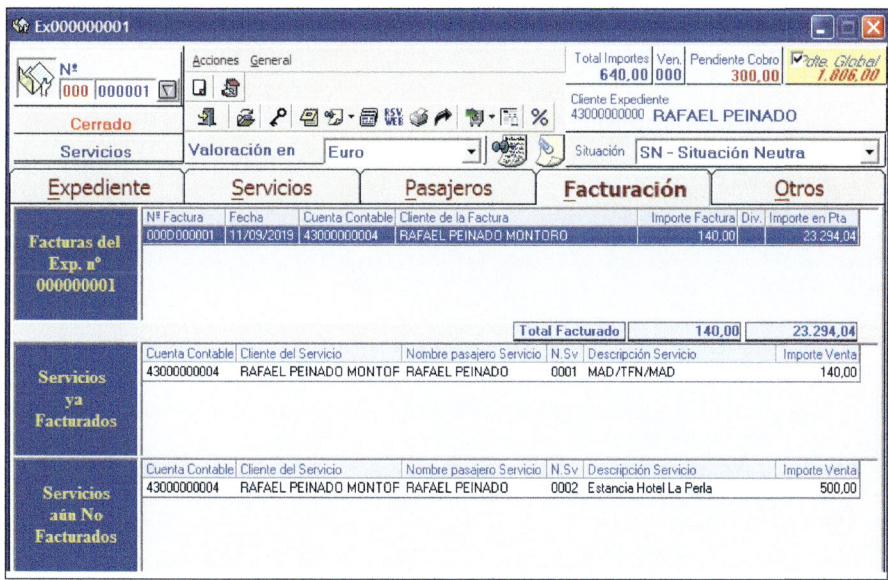

Menú Diarios/Facturación expediente

La última de las pestañas que forman parte de un expediente, en este caso **Otros,** proporciona otra información, como la referida a las facturas recibidas de los proveedores, el saldo y los movimientos de cobro de clientes y pasajeros o cuál ha sido la rentabilidad del expediente.

Acceso a sistema de reservas

Esta es una opción muy interesante, puesto que da acceso a la **realización y consulta de reservas a través de las páginas webs de los mismos proveedores** de servicios, como es el caso de las mayoristas.

Una vez terminada la gestión de las reservas, se pueden trasladar sus datos a un **expediente de la agencia.**

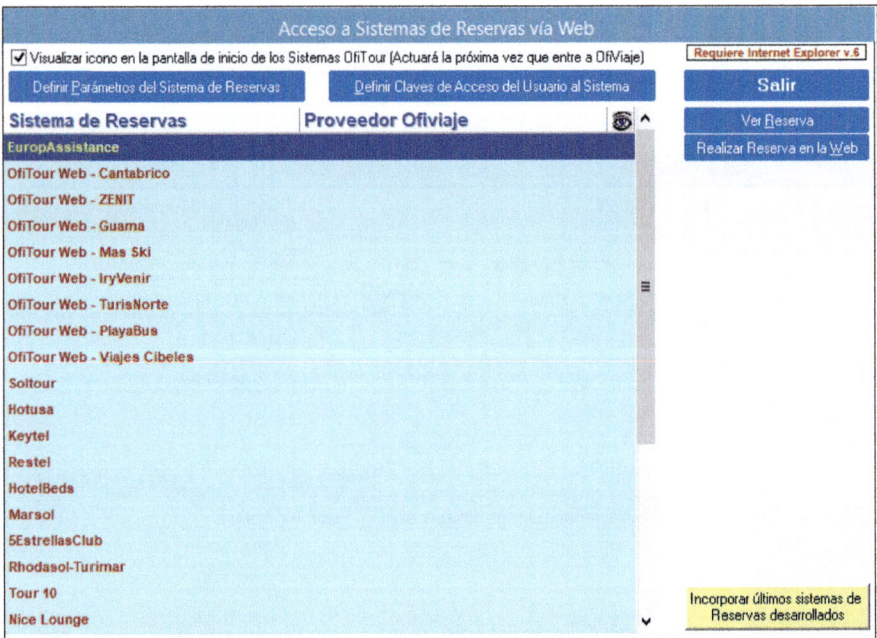

Menú Diarios/Acceso a sistema de reservas

ACTIVIDAD COMPLEMENTARIA

20. Después de haber visto en *Ofiviajela* información que va asociada a un expediente de servicios, ¿por qué es importante que toda la documentación asociada lleve impreso el número de expediente al que pertenece?

Menú Tesorería

Comprende **operaciones referentes a cobros y pagos.** Permite gestionar listados de vencimientos, cobros y pagos, emitir órdenes de pago mediante cheques, cartas o pagarés, llevar el control de caja, gestionar los impagos, etc.

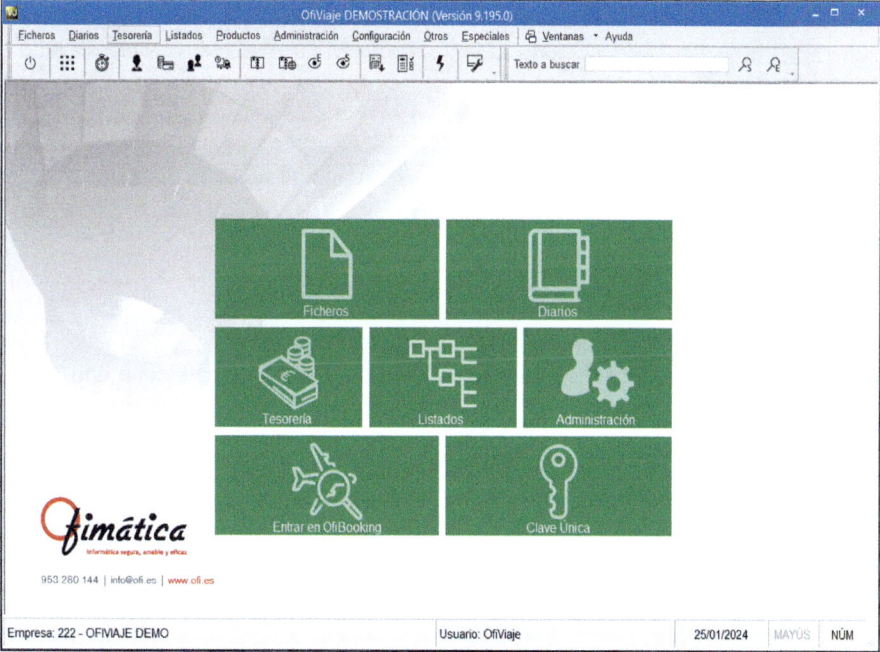

Opciones del menú **Tesorería**

APLICACIÓN PRÁCTICA

Observa esta imagen del programa de *front office.* ¿A qué menú crees que pertenece? La función a la que hace referencia, ¿está relacionada con funciones de *front office* o de *back office?*

Solución

La imagen se corresponde con la pestaña Caja/Arqueo de caja del menú **Tesorería.**

Al tratarse de una función típicamente contable, está más relacionada con actividades de los programas propios de *back office,* interconectados o integrados en la actualidad en la mayoría de programas de gestión de agencias de viaje con los de *front office.*

Menú Listados

Como su propio nombre indica, mediante la utilización de este menú, se pueden **emitir listados e informes** que van desde los referentes a expedientes de servicios hasta guías de hoteles, restaurantes y mayoristas.

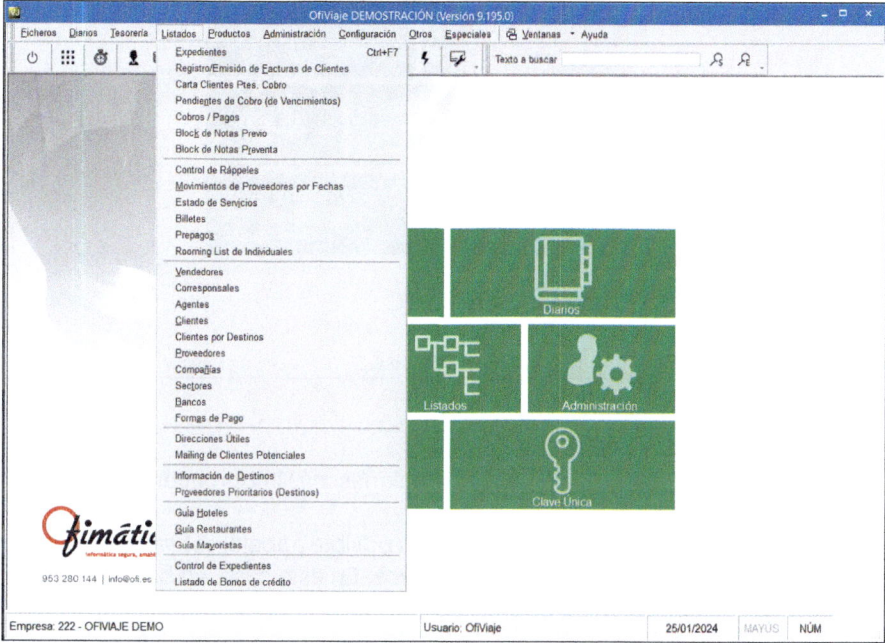

Opciones del menú **Listados**

Menú Productos

Este es un menú importante, puesto que es utilizado para **definir los productos, las tarifas y los precios** con los que posteriormente se va a trabajar en la agencia.

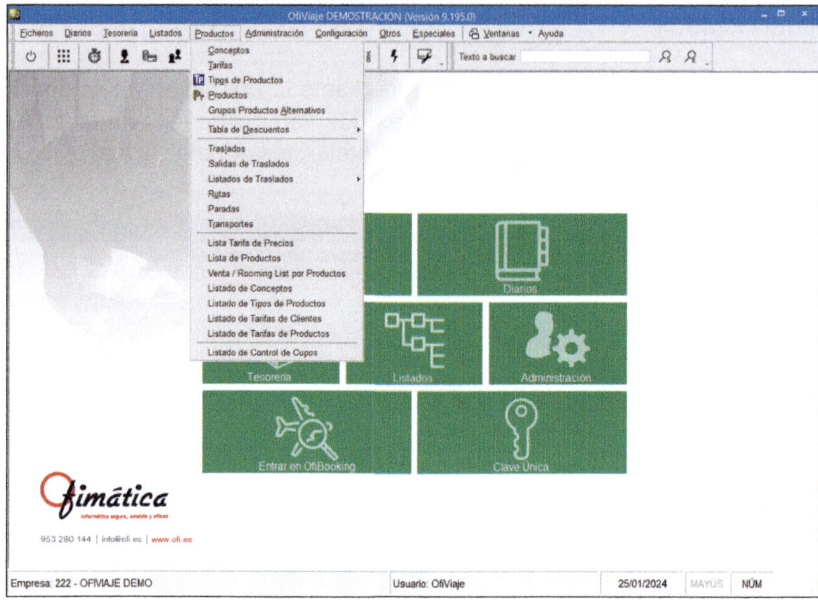

*Menú **Productos***

Describimos a continuación sus aplicaciones más importantes.

Mediante la utilización de este menú, es posible trabajar sobre tipos de **productos ya creados o crear otros nuevos.** En este caso, en base al tipo de producto **Habitaciones,** el programa permite la opción de definir y crear las clases de habitaciones con las que la agencia haya decidido trabajar. A continuación, te mostramos los iconos más significativos:

- Permite crear nuevos tipos de productos, por ejemplo habitaciones, o nuevos productos dentro de esta tipología, en este caso Hotel Infanta Cristina.

- Permite modificar o editar el producto o tipo de producto seleccionado.

- Este icono es muy interesante, puesto que con él se pueden crear o modificar conceptos asociados al producto.

- Se utiliza para añadir las observaciones oportunas acerca del producto. Da la opción de borrar el producto seleccionado.

- Este icono también es muy importante, ya que permite definir los diferentes precios a aplicar en las diferentes temporadas.

- Salir de la pantalla.

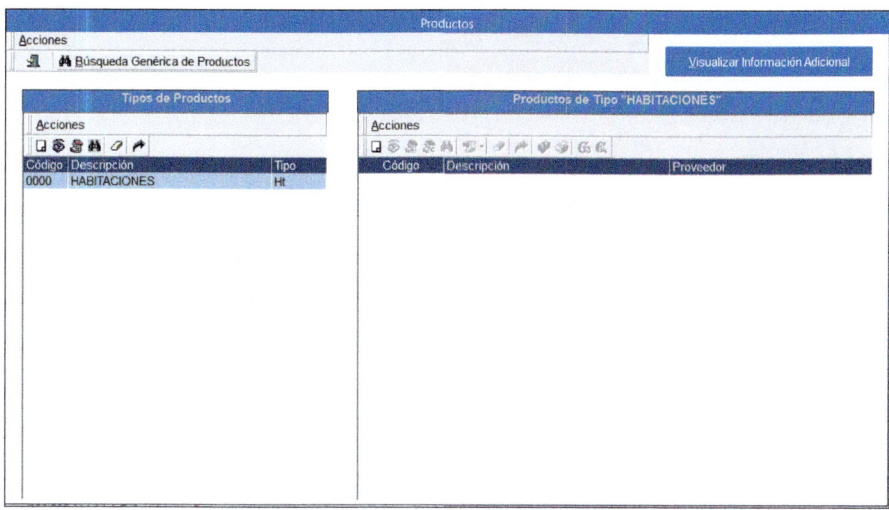

Aplicaciones del menú **Productos**

Menú Administración

 **HILO CONDUCTOR**

Pilar está indagando en el uso de *Ofiviaje* para aprender a utilizarlo y valorar adecuadamente la posibilidad de incorporar este programa al negocio.

Durante su aprendizaje, ha visto que además de las funciones de *front office*, cuenta con un menú de administración, que permite integrar también una aplicación de *back office*. Quizá esto pueda ahorrarles trabajo, al estar todo más conectado e integrado...

Se utiliza para la gestión de **tareas administrativas y contables.** En muchos casos, es una aplicación de *back office* insertada en el programa.

Permite, entre otras acciones, la recepción de facturas de proveedores, la liquidación de billetes, la emisión y el registro de facturas de comisiones, el registro de incidencias y comunicados, la generación de informes estadísticos por oficinas, vendedores, tipos de clientes, proveedores, etc.

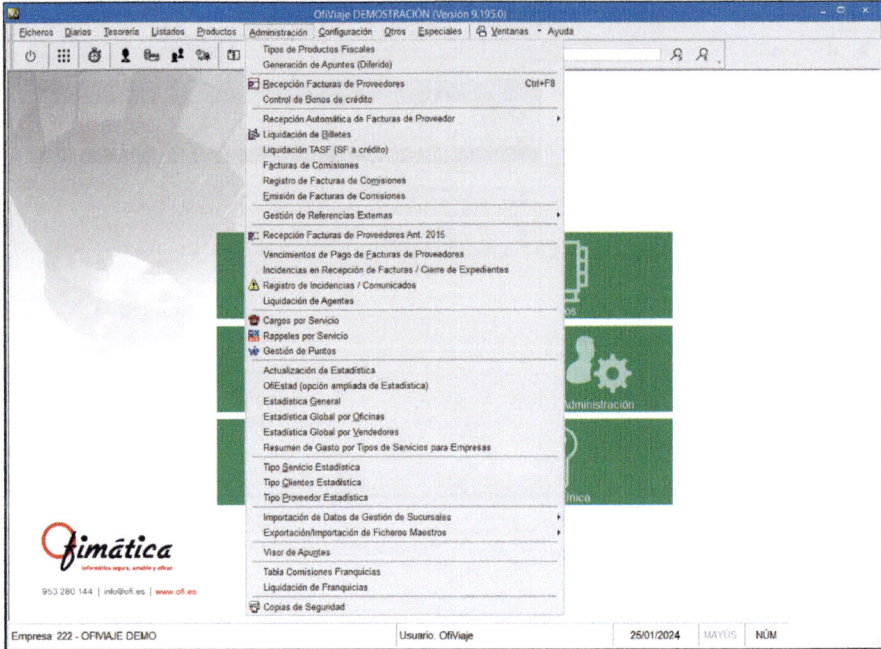

Menú **Administración**

ACTIVIDAD COMPLEMENTARIA

---

21. Analiza los menús de la aplicación *OfiViaje* e indica a qué menú de los enunciados con anterioridad pertenecen las siguientes funciones:

- Gestión de expedientes.
- Definición de productos.
- Establecimiento de precios.
- Generación de vendedores.
- Emisión de documentación asociada a las reservas.
- *Mailing* de clientes potenciales.

- -

Hoy en día, existen cientos de programas, tanto de *back office* o gestión interna como de *front office* o gestión de ventas. En las agencias que presentan diferentes programas de gestión, estos suelen estar **interconectados,** de manera que cuando un agente realiza una venta y la introduce en el sistema *(front office),* automáticamente se genera la información contable de la misma *(back office),* que es gestionada por el Departamento de Administración.

La **diversidad y versatilidad de funciones** asociadas a estos programas es enorme y la **formación y especialización en el manejo** de los mismos irá en función de la continua utilización de los mismos.

APLICACIÓN PRÁCTICA

Observa la siguiente imagen:

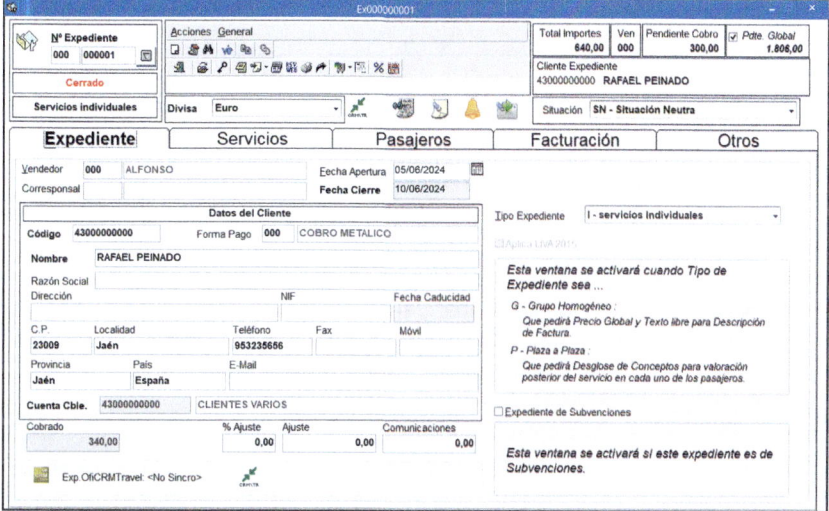

¿A qué menú del programa *front office*, de los estudiados hasta el momento, pertenece? ¿Qué información se puede extraer en relación al expediente?

Solución

La imagen se corresponde con la pestaña **Expediente** menú **Diarios.** Entre otros datos se puede obtener la siguiente información del expediente en cuestión:

- N.º de expediente: 000000001.
- Estado del Expediente: Cerrado.

Continúa en página siguiente >>

<< Viene de página anterior

- La forma de pago
- Importe cobrado
- Datos del cliente
- Nombre
- Razón social
- Dirección
- CP
- Teléfono
- Provincia
- País
- Etc.

3.4. Otros programas o *software* de aplicación en agencias de viaje

☞ HILO CONDUCTOR

Pilar está realizando muchos cambios en muy poco tiempo, por lo que Mercedes se encuentra algo agobiada... al ver los documentos que elabora Pilar, tan claros y bonitos, se ha dado cuenta de que no utiliza bien ni el procesador de textos... ¿Cómo va a poder manejar entonces esos programas que parecen tan complicados?

Ante esta situación, Pilar la tranquiliza y comienzan a planificar su proceso de aprendizaje y adaptación a las aplicaciones que van a utilizar. Lo primero, es que Mercedes domine los programas de ofimática, básicos en cualquier negocio e incluso para el uso personal.

Mediante la utilización de procesadores de texto, se pueden **crear, modificar y personalizar diferentes documentos, tales como cartas, informes,** etc., ligados muchas veces a la actividad propiamente administrativa y comercial de una agencia de viajes.

EJEMPLO

Algunos de los ejemplos más conocidos de procesadores de texto son: *Microsoft Word, Libre Office o WordPerfect Office,* entre otros.

De los ejemplos citados, tanto *Microsoft Word* como *WordPerfect Office* son aplicaciones de pago. Sin embargo, *Libre Office Writer* es lo que se denomina un *software* libre, que permite su descarga, uso y distribución de forma gratuita.

Office 365

Esta versión del paquete *Office de Microsoft* presenta una serie de mejoras para la creación de documentos con calidad profesional respecto a la versión anterior.

Tomando como referencia esta versión, a continuación se explica una aplicación que puede resultar de gran utilidad en el funcionamiento de una agencia de viajes, ya que con las herramientas presentes en su menú se pueden crear **cartas y circulares** y personalizarlas con datos referentes a diferentes destinatarios, utilizando una plantilla nueva o una ya existente en los archivos.

NOTA

En la actualidad, conviven las versiones *Microsoft 365* y *Office 2021* diferenciándose principalmente en que la primera necesita de una suscripción que se debe renovar anualmente e incorpora servicios en la nube y la segunda, *Office 2021* es el programa que se vende como una compra de un pago único.

Asistente para la combinación de correspondencia

Para la correcta utilización del asistente, se realizarán seis pasos, que van a ir siendo indicados y descritos por el propio asistente presente en la aplicación.

A continuación, se desarrolla todo el proceso de la aplicación. Se accede a ella mediante el menú **Correspondencia,** pulsando la opción **Iniciar combinación de correspondencia** y seleccionando **Paso a paso por el Asistente para combinar correspondencia.**

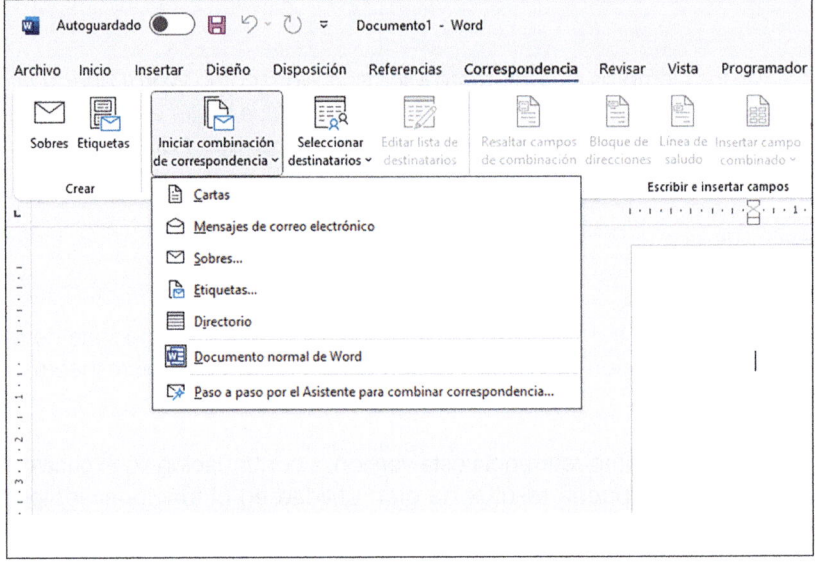

Menú Correspondencia

A partir de aquí centraremos la atención en el menú de color azul que aparece en la parte de la derecha, que indicará los **pasos a llevar a cabo:**

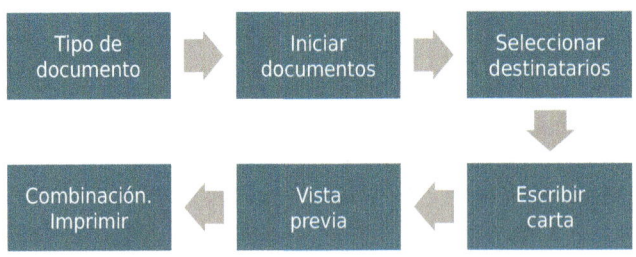

Paso 1. Tipo de documento

Se elige una opción de las mostradas en la siguiente imagen. En este caso, el documento a crear será una carta. Una vez seleccionada, se pulsa **Siguiente.**

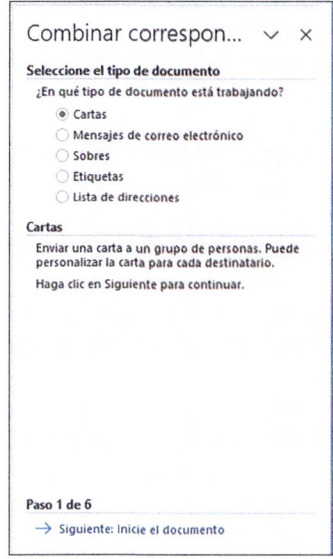

_____

Paso 2. Iniciar documento

Se elige de nuevo una opción de las mostradas en la siguiente imagen. En este caso, se utilizará el documento actual. Una vez seleccionada, se pulsa **Siguiente.**

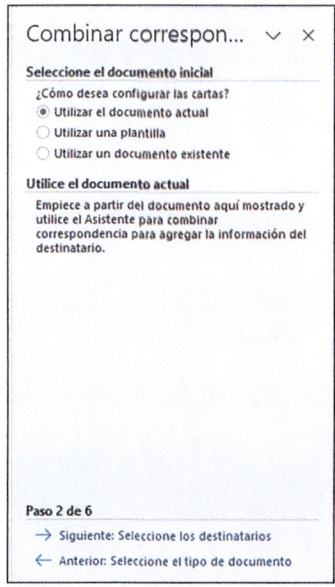

Paso 3. Seleccionar destinatarios

En este paso, se selecciona a los destinatarios del documento. Aparecen tres posibles opciones:

- ⮂ Utilizar una lista ya existente.
- ⮂ Seleccionar contactos de *Outlook.*
- ⮂ Escribir una lista nueva.

Para la demostración, se selecciona la tercera de las opciones, **Escribir una Lista Nueva,** y aparecerá un nuevo icono **Crear.**

Aparece una nueva ventana en la que se procederá a introducir los datos de los destinatarios en los diferentes campos habilitados para ello. Una vez se haya concluido, se pulsará **Aceptar** y automáticamente se generará un documento que estará compuesto por la lista de los destinatarios que se hayan introducido previamente. En este caso, se llamará al nuevo documento **Lista de prueba.** Posteriormente, se pulsa **Siguiente.**

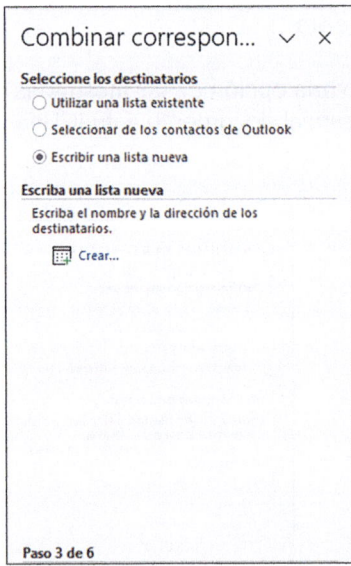

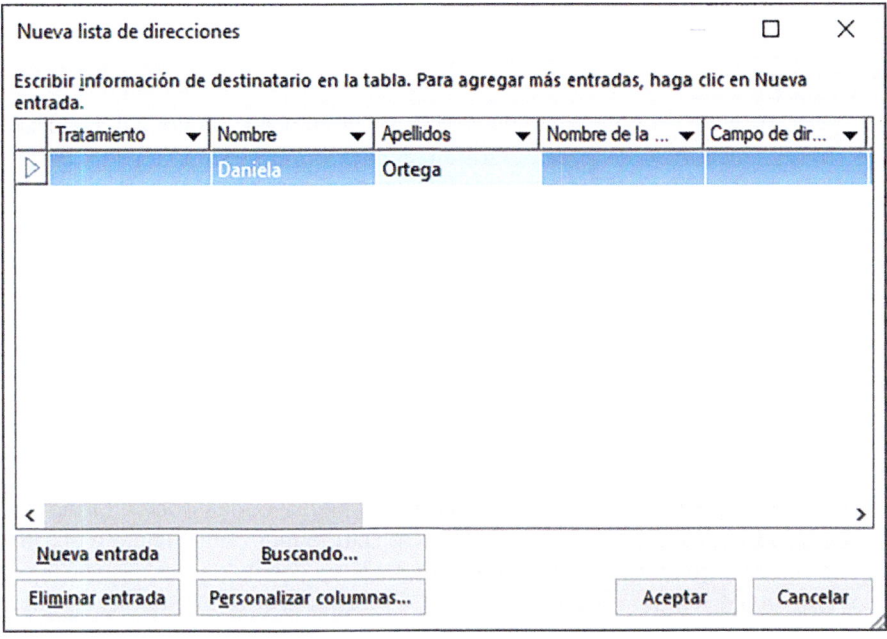

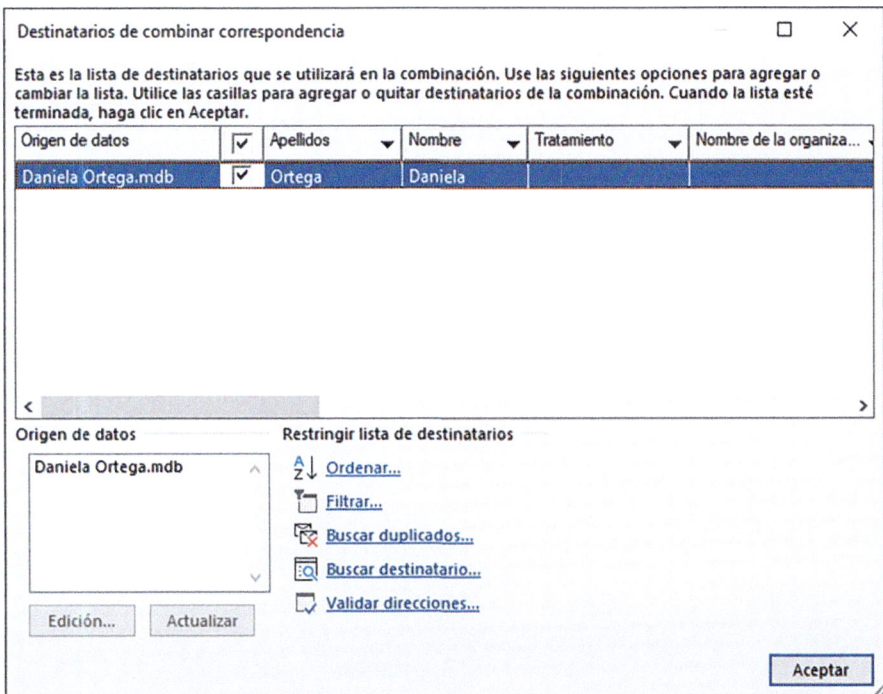

Paso 4. Escribir carta

Este paso es importante, puesto que se procede a confeccionar la carta y a enviarla a los destinatarios, seleccionados en el paso anterior. Para ello, se utilizan las funciones para **personalizar el documento** mediante la utilización de diferentes tipos y tamaños de letra (fuentes), estableciendo encabezados de página, asignando bordes, alineando el texto, etc. A continuación, se muestra un ejemplo.

Una vez redactado el texto de la carta, se han de completar todavía algunas acciones. En primer lugar, se sitúa el cursor en el lugar del documento donde aparecerá la dirección y se pulsa la opción **Bloque de direcciones** y se despliega la siguiente pantalla, donde se seleccionarán las opciones que más convengan, según el tipo de carta. Para terminar, se pulsa **Aceptar.**

A continuación, se sigue el mismo procedimiento con la opción **Línea de saludo.** Una vez seleccionado el tipo de saludo más conveniente a utilizar en la carta, se pulsa de nuevo **Aceptar.** Una vez concluidas las modificaciones, se pulsa **Siguiente.**

<<Bloque de dirección>>

Sevilla, 15 Junio 2024

<<Línea de saludo>>

Como cliente VIP de nuestra agencia de viajes, nos es muy grato comunicarle la nueva promoción "VIP CRUISE" aplicable a todos los cruceros disponibles en nuestra agencia durante los meses de Julio, Agosto y Septiembre de 2024.

Adjunto le enviamos las últimas novedades y tendencias en cuanto a los destinos más exclusivos incluidos en las rutas de los cruceros ofertados.

Si desea obtener más información, puede visitar nuestra web (http://www.viajesgrandtour.com), donde encontrará todos los detalles de nuestra oferta.

Esperando que esta información sea de su interés, le saluda atentamente,

David Peral

Director de la Agencia de Viajes Grand Tour

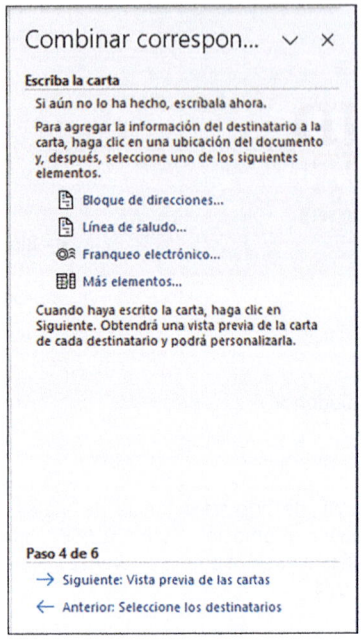

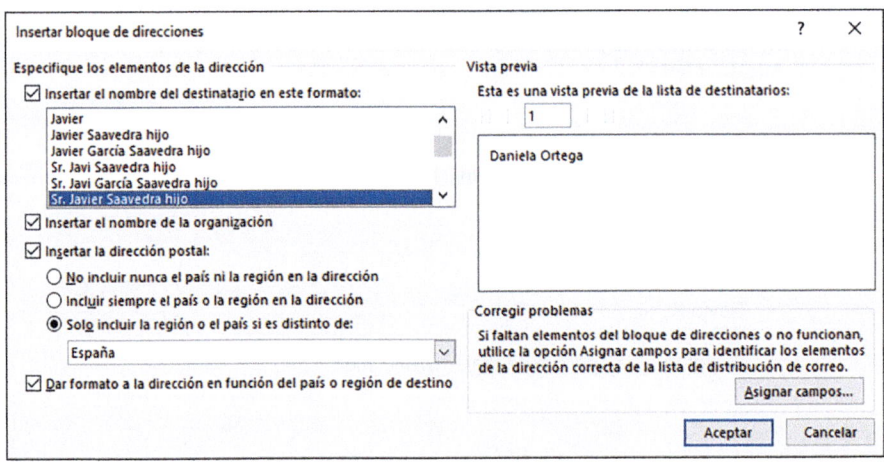

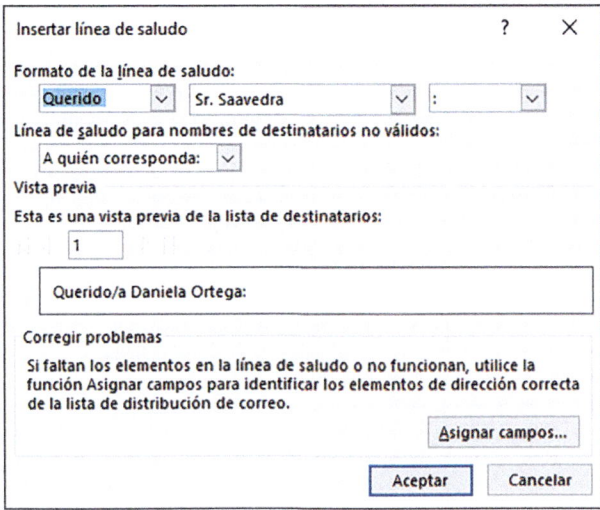

Paso 5. Vista previa

Esta opción permite obtener una **vista previa de la carta,** con cada uno de sus destinatarios. También se pueden realizar las modificaciones que se estimen oportunas antes del último paso. Una vez revisado el documento, se pulsa **Siguiente.**

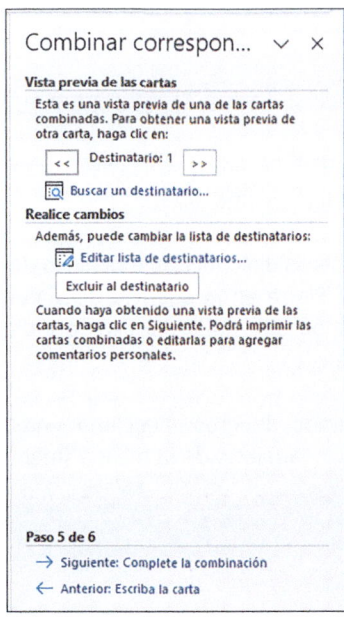

Paso 6. Combinación. Imprimir

Una vez revisadas las cartas, en el último paso da la opción de **imprimir.** También permite editar el documento antes de su impresión.

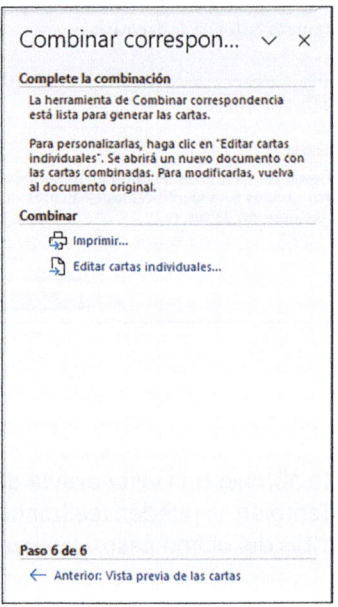

TAREA 7

Pierre va a crear en Badajoz una agencia de viajes en la que usarán aplicaciones de gestión tanto externa como interna.

En base a esto, deberás describir las funciones de *front office* y de *back office* que llevará a cabo Pierre en la agencia de viajes, enumerando para ello los programas de gestión que puede utilizar e indicando las posibilidades que ofrece cada uno de ellos.

A partir de dicho listado, deberás seleccionar una de las aplicaciones y explicar brevemente el funcionamiento de la misma (menús, opciones...).

- -

TAREA 8

Trabajas en el Departamento Comercial de la agencia de viajes AllTour. Utilizando el asistente para la combinación de correspondencia, deberás redactar una carta para informar a uno de tus clientes de una nueva oferta. Para ello, se dispone de la siguiente información:

- Nombre del cliente: Mario Gómez.
- Dirección: C/ La Paloma, n.º 43, C.P. 28047.
- Ciudad: Madrid.
- Texto de la carta:

"Como cliente VIP de nuestra agencia de viajes, nos es muy grato comunicarle la nueva promoción "VIP CRUISE" aplicable a todos los cruceros disponibles en nuestra agencia durante los meses de julio, agosto y septiembre de 2019.

Adjunto le enviamos las últimas novedades y tendencias en cuanto a los destinos más exclusivos incluidos en las rutas de los cruceros ofertados.

Si desea obtener más información, puede visitar nuestra web http://www.viajesalltour.com, donde encontrará todos los detalles de nuestra oferta.

Esperando que esta información sea de su interés, le saluda atentamente".

4. Resumen

La implementación de las **nuevas tecnologías en el sector turístico** ha generado cambios sustanciales en cuanto a los procesos de gestión, comercialización y comunicación empresarial.

La utilización de nuevas herramientas y aplicaciones, como es el caso de los **programas de gestión,** han contribuido a **mejorar la eficiencia de los trabajadores** y, consecuentemente, de las empresas. Se puede diferenciar entre:

Los programas de **back office** o **de gestión interna** se utilizan principalmente para funciones administrativas y contables, y los de **front office o de gestión externa,** están especializados en operaciones de venta de productos y servicios. Estos programas se pueden complementar con otras herramientas o aplicaciones más específicas, como es el caso de los **procesadores de texto.**

Entre estos programas se encuentran:

Back office	Front office	Procesadores de texto
- Programas específicos para cualquier empresa: *Contaplus, Contawin.* - Programas diseñados para agencias de viajes: *Beconta.* - Aplicaciones adaptadas: *Oficonta.*	- *OfiViaje* - *OfiMayor* - *OfiTour* - *Orbis* - *Beroni*	- *Microsoft Word* - *Libre Office* - *WordPerfect Office*

El aprendizaje y el correcto manejo de estas aplicaciones supone, por parte de los agentes de intermediación turística, una **continua actualización y reciclaje,** así como un proceso de adaptación de los perfiles laborales a las nuevas competencias demandadas por un sector en continua evolución.

Tener acceso a todas estas herramientas ha de servir a los profesionales del sector para convertirse en asesores especializados y dotar al servicio prestado de calidad y excelencia, de manera que la relación con el cliente se convierta en una ventaja competitiva.

Ejercicios de autoevaluación
Unidad de Aprendizaje 3

1. Los programas o *softwares* de gestión externa utilizados principalmente para gestionar las operaciones de ventas se denominan...

    a. ... *back office.*
    b. ... *medium office.*
    c. ... *front office.*
    d. Todas las opciones son incorrectas.

2. De las siguientes afirmaciones, indica cuál es verdadera y cuál falsa.

    a. En gestión hotelera, además del espacio físico donde se desarrollan, el *front office* engloba todas las actividades relacionadas con la atención al cliente.

        ■ Verdadero
        ■ Falso

    b. El término *front office* se refiere a las actividades que constituyen una relación indirecta con el cliente.

        ■ Verdadero
        ■ Falso

    c. Las actividades de acogida, atención, *marketing* y promoción y venta de productos o servicios son labores de *front office.*

        ■ Verdadero
        ■ Falso

3. ¿Con la gestión de qué actividades están relacionados los programas de gestión interna o *back office*?

    a. Control de acreedores y pendientes de cobro.
    b. Emisión de facturas de proveedores.
    c. Venta de productos o servicios al cliente.
    d. Liquidación automática de impuestos.

4. De las siguientes afirmaciones, indica cuál es verdadera y cuál falsa.

a. Los programas de *front office* para agencias de viaje están diseñados para poder desarrollar funciones que van desde la apertura de expedientes o reservas hasta la gestión de pagos a proveedores, incluyendo emisiones de bonos, facturas, contratos de viaje y muchas más prestaciones, como el acceso directo a GDS, centrales de reserva o webs de mayoristas.

■ Verdadero
■ Falso

b. Todas las agencias de viaje utilizan el mismo programa de gestión de ventas o *front office*.

■ Verdadero
■ Falso

c. Las funciones que pueden llevarse a cabo con un programa de *front office* están agrupadas en lo que se denomina Menú general de aplicación.

■ Verdadero
■ Falso

5. Lee el siguiente texto y especifica a qué menú hace referencia: "Una vez completado, se podrán consultar en él todos los datos referentes a: vendedores, formas de pago, clientes, proveedores, destinos, claves utilizadas para designar los diferentes servicios, situación de los expedientes, datos de bancos con los que se vaya a trabajar, etc."

a. Menú Diarios
b. Menú Listados
c. Menú Productos
d. Menú Ficheros

6. En el menú Ficheros, se encontrará información referente a...

a. ... expedientes y reservas.
b. ... control de caja.
c. ... proveedores, clientes y vendedores de la agencia.
d. ... listado de clientes reales y potenciales.

7. **En el menú Productos, se encontrará información referente a...**

    a. ... productos, temporadas y comisiones.
    b. ... estadísticas de producción.
    c. ... bonos y contratos.
    d. ... cobros/pagos.

8. **Si tuvieras que realizar una reserva a través de la página web de una mayorista, ¿qué menú utilizarías para ello?**

    a. El menú Diarios, opción Acceso a sistema de reservas.
    b. El menú Ficheros, opción Reservas de mayoristas.
    c. El menú Productos, opción Acceso a sistema de reservas.
    d. El menú Administración, opción Reservas.

Gestión de expedientes dentro de una agencia de viajes

Contenido

1. Introducción
2. Documentos de gestión de
   agencias de viajes
3. Documentos internos
4. Documentos externos
5. Resumen

Objetivos

El objetivo general de esta Unidad de Aprendizaje es:

→ Emitir los documentos de confirmación y pago que acrediten convenientemente el derecho del cliente a recibir los servicios reservados a su favor.

Los objetivos específicos de esta Unidad de Aprendizaje son:

→ Conocer los documentos de gestión que utilizan las agencias de viajes.

→ Describir los documentos de gestión internos que utilizan las agencias de viajes y la utilidad de los mismos.

→ Proporcionar al cliente los documentos que acrediten la prestación de los servicios contratados.

1. Introducción

La utilización tanto interna como externa de los diferentes programas de gestión, que hoy en día forman parte de la actividad diaria de las agencias de viajes, conlleva el dominio y **la gestión de la documentación** sobre la que se fundamenta toda la actividad de la agencia.

Tendrán especial relevancia el **manejo de expedientes, las hojas de cotización, las fichas de clientes,** etc., y, sin duda, el documento más representativo de todos: el **bono.**

A lo largo de la unidad se analizarán los diferentes documentos de gestión de las agencias de viajes, tanto internos como externos.

Para ello nos basaremos en el caso de Moliner Tours, agencia en la que Pilar comenzó a trabajar para ayudar a su propietaria, Mercedes, a adentrarse en el mundo *online.* Ya está completamente adaptada a la empresa, ha establecido nuevos métodos y procedimientos y la atención que presta al cliente es excepcional.

2. Documentos de gestión de agencias de viajes

☞ HILO CONDUCTOR

Esta mañana ha llegado a la agencia Pablo, un cliente que quiere recibir información para realizar un viaje por Europa el próximo verano con su hija.

Tras escuchar y aconsejar al cliente sobre los sitios que puede visitar, Mercedes comienza a rellenar la documentación necesaria sobre la solicitud de información de forma manual.

Las empresas de intermediación turística, entre ellas las agencias de viajes, se dedican a la **realización y gestión de reservas de productos y servicios turísticos.**

Estos productos y servicios son facilitados por diferentes **proveedores,** que establecen determinados protocolos de actuación, entre ellos la **generación o emisión de documentos,** como los acreditativos de la reserva.

Toda esta documentación es muy importante, tanto para la agencia de viajes como para el cliente, puesto que, además de la información que recogen, constituyen el **derecho de uso de los productos y servicios** contratados.

Documentos de viaje

Evidentemente, el modelo y tratamiento de la documentación variará en función de cada proveedor, de la clase de reserva y del tipo de agencia de viajes. Se puede establecer la siguiente clasificación:

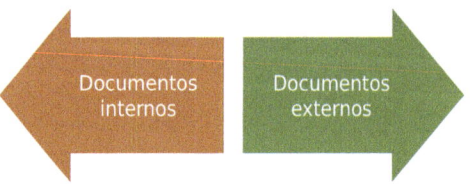

3. Documentos internos

👉 **HILO CONDUCTORR**

Mercedes y Pilar incorporaron a la agencia el uso de *OfiViaje*. Esta contiene una herramienta denominada Bloc de Notas de Reserva Previo, aunque Mercedes aún no lo domina bien y sigue recogiendo información manualmente.

Continúa en página siguiente >>

<< Viene de página anterior

Pilar comienza a introducir en esta herramienta los datos que Mercedes ha tomado a Pablo de forma manual. Mediante el Bloc de notas podrá llevar un control informatizado de los clientes que consulten la posibilidad de reservar servicios. Si finalmente se formalizara la reserva, se podrá crear un expediente de servicios trasladando esos datos.

Como su propio nombre indica, son documentos de gestión interna, normalmente **accesibles solamente al personal de la agencia.**

No suelen estar a disposición de los clientes, puesto que contienen **información confidencial** acerca de condiciones de contratación, comisiones de venta, características de los clientes, etc.

Se puede diferenciar entre:

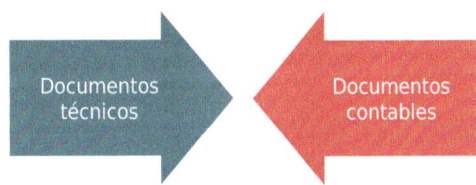

Documentos técnicos → Documentos contables

3.1. Documentos técnicos

El más importante es, sin duda, el expediente de servicios, aunque se pueden señalar otros, como la hoja de reserva, las fichas de clientes y la hoja de presupuesto o cotización.

A continuación, analizamos detenidamente cada uno de ellos.

Hoja de petición, información o reserva

La hoja de petición se utiliza para recoger los primeros datos referidos a una solicitud de información acerca de la posible contratación de un producto o servicio por parte del cliente, que puede ser real, si al final se convierte en venta, o potencial, puesto que se cuenta con información valiosa acerca de las preferencias de los usuarios. En ella, se registra lo siguiente:

Datos personales
- Datos personales del cliente: nombre, dirección, teléfono, correo electrónico, etc.

Descripción producto
- Descripción del producto o servicio de interés: fechas, categoría, preferencias, etc.

Número de personas
- Número de personas que van a participar de la reserva.

Datos especiales
- Datos especiales de los clientes que pueden afectar al precio o a otras características de la reserva: edad, lugar de residencia, posibles alergias, etc.

Estos documentos pueden ser plantillas creadas por la propia agencia, generadas por el programa de gestión al uso, o pueden ser rellenadas manualmente por el agente de viajes.

En la actualidad, los programas de gestión de *front office* incorporan una herramienta denominada **Bloc de Notas de Reserva Previo,** que sustituye a la antigua hoja de petición o reserva.

NOTA

Gracias a las aplicaciones presentes en los programas de gestión, se puede crear un expediente de servicios trasladando los datos que contiene el Bloc de Notas de Reserva Previo, si el cliente decide reservar los servicios que consultó.

Esta aplicación permite a la agencia llevar un **control de los clientes que consulten la posibilidad de reservar** servicios. Como no se tiene la certeza de si la petición se convertirá o no en venta, la información se recoge en el Bloc de Notas de Reservas Previo y no en un expediente de servicios.

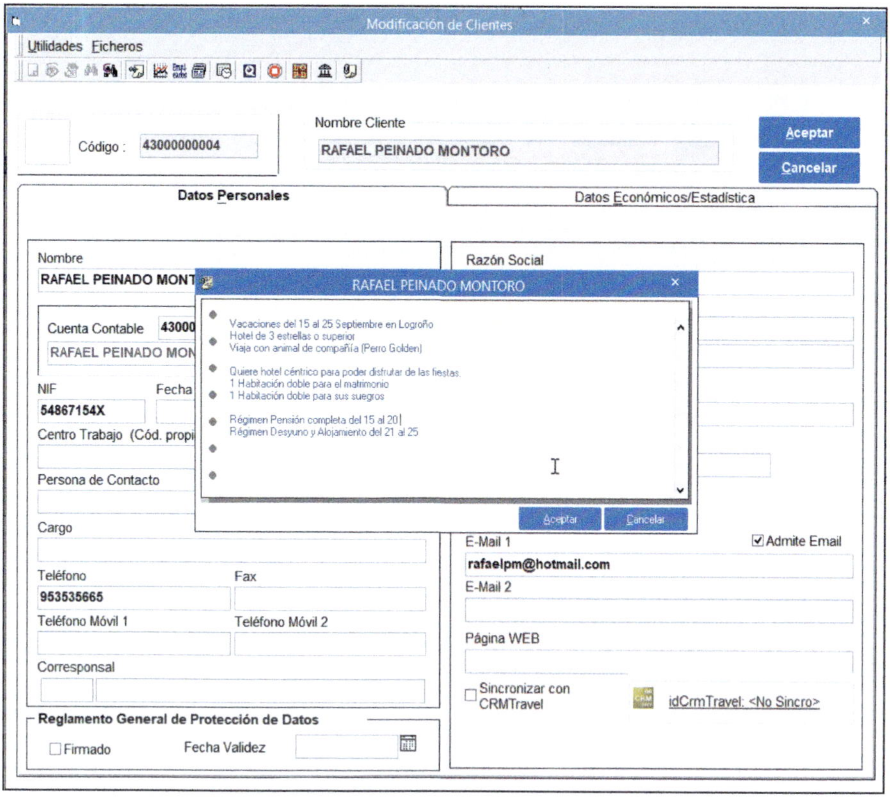

APLICACIÓN PRÁCTICA

El señor Peinado es un cliente de la agencia de viajes que ha realizado anteriormente otras reservas. Tomando como referencia la imagen del Bloc de Notas de Reservas Previo que se muestra a continuación, ¿qué información se extrae?

Continúa en página siguiente >>

<< Viene de página anterior

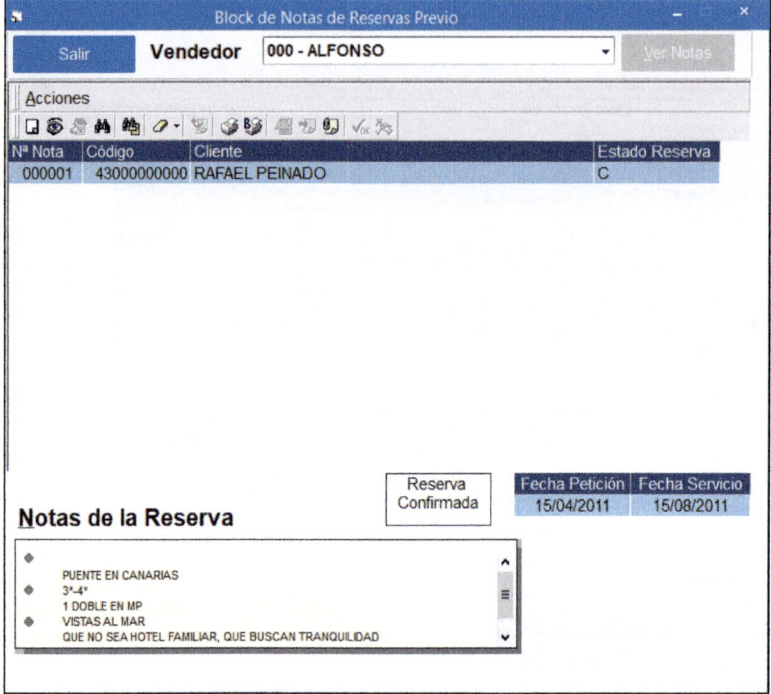

Bloc de Notas de Reservas Previo

Solución

1. Fecha de petición de información o reserva: 15/04/2024.
2. Fecha para la que se solicitó la reserva: puente de agosto 15/08/2024.
3. Estado de la reserva: confirmada (indica que la petición de información inicial terminó convirtiéndose en una reserva en firme).
4. Datos de la reserva: habitación doble en régimen de media pensión en Canarias, en hotel de 3 o 4 estrellas.
5. Observaciones: hotel tranquilo y con vistas al mar.

Fichas de clientes

En las fichas de clientes se recogen todos los **datos asociados a los clientes de la agencia,** ya sean reales o potenciales. A cada ficha se le **asigna un**

código, bien sea de forma manual o automática (asignado por el programa informático) que referenciará al cliente en futuras operaciones.

Contienen gran cantidad de **datos:**

Datos personales	Datos económicos y estadísticos
- Nombre, DNI o NIF (si el cliente es una empresa), dirección, teléfono, dirección de correo electrónico, dirección de su página web, etc.	- Datos que servirán para emitir informes económicos y estadísticos: tipo de cliente, fecha de la última venta, número de expedientes asociados, forma de pago que utiliza, datos de su cuenta bancaria, si quiere que se incluyan en las facturas los datos del vendedor que lo atendió, etc.

IMPORTANTE

Toda la información presente en las fichas de clientes genera completas bases de datos que sirven como herramienta perfecta para la creación de nuevos productos y el diseño de estrategias de *marketing*.

ACTIVIDAD COMPLEMENTARIA

22. Las empresas recogen como un dato más en la ficha de clientes su fecha de nacimiento. ¿Para qué puede ser de utilidad esto?

Hoja de presupuesto o cotización

Normalmente, se utilizan para **presupuestar reservas de grupo**. Es un documento en el que se especifican los datos del grupo, el total de servicios que se pretenden contratar y su precio.

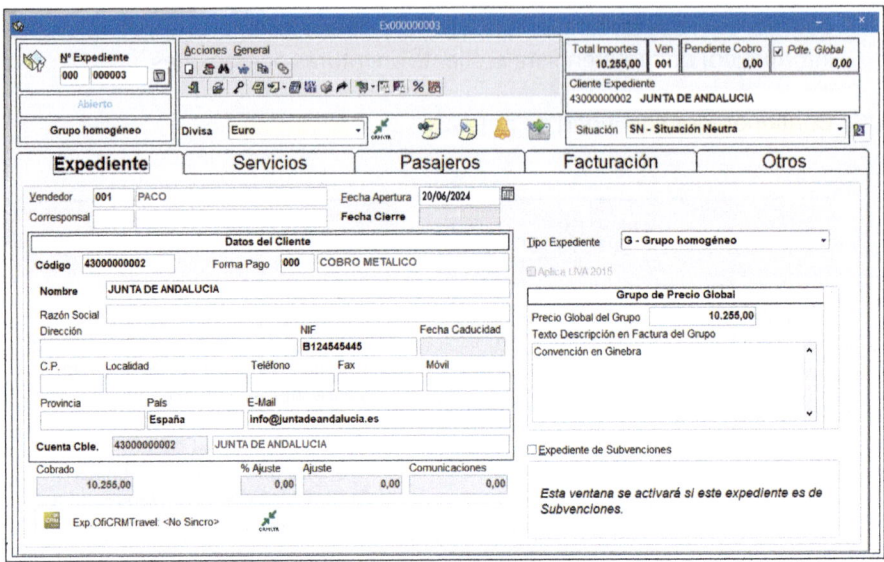

Cotización de Grupos/Presupuestos

En la primera parte del documento, se especifican el **código del vendedor, los datos del grupo y la fecha** en la que se solicitan los servicios, aunque lo más importante va a ser el **desglose de costes de servicios**. Aquí se especificará:

- ➲ Fecha del servicio.
- ➲ Tipo de precio a aplicar.
- ➲ Descripción del servicio.
- ➲ Tipo de servicio que se solicita.
- ➲ Proveedor o prestatario del mismo.
- ➲ Número de personas que lo solicitan.
- ➲ Importe del servicio por persona.

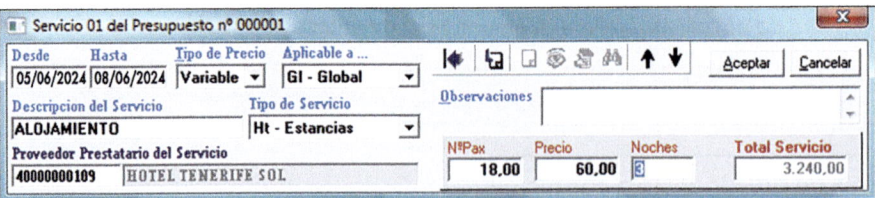

Desglose de servicios

Una vez cumplimentados todos estos datos, se podrá pasar al **cálculo del presupuesto.**

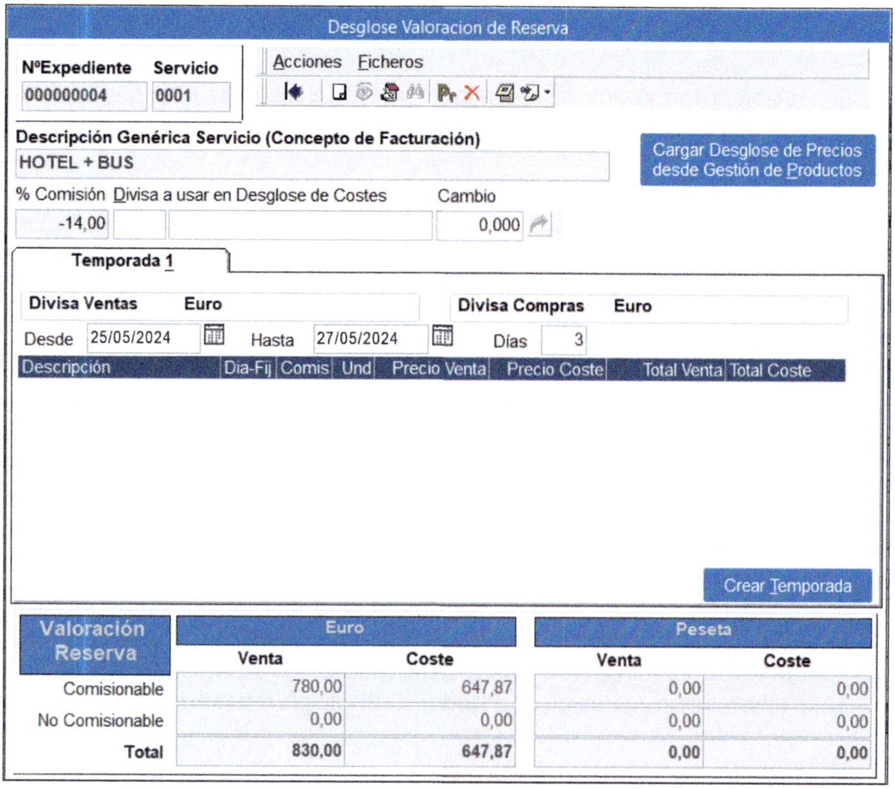

Desglose Valoracion de Reserva								

NºExpediente 000000004 **Servicio** 0001

Acciones Ficheros

Descripción Genérica Servicio (Concepto de Facturación)
HOTEL + BUS

Cargar Desglose de Precios desde Gestión de Productos

% Comisión -14,00   Divisa a usar en Desglose de Costes   Cambio 0,000

Temporada 1

Divisa Ventas Euro   **Divisa Compras** Euro

Desde 25/05/2024   Hasta 27/05/2024   Días 3

Descripción	Dia-Fij	Comis	Und	Precio Venta	Precio Coste	Total Venta	Total Coste

Crear Temporada

Valoración Reserva	Euro		Peseta	
	Venta	**Coste**	**Venta**	**Coste**
Comisionable	780,00	647,87	0,00	0,00
No Comisionable	0,00	0,00	0,00	0,00
Total	830,00	647,87	0,00	0,00

Cálculo y Simulación de cotizaciones

Al igual que ocurría con los Blocs de Notas de Reservas Previos, gracias a las aplicaciones presentes en los programas de gestión de reservas **se puede crear un expediente de servicios, trasladando los datos** que contiene el presupuesto o cotización, si el cliente decide reservar los servicios que consultó.

ACTIVIDAD COMPLEMENTARIA

23. Con la incorporación de las nuevas tecnologías, han surgido herramientas muy novedosas con las que cualquier cliente puede solicitar asesoramiento sobre sus preferencias de viaje partiendo de un determinado presupuesto.

    Visita la web www.buscounviaje.com y consigue información para la realización de un viaje en el mes de septiembre, para dos personas, de una

Continúa en página siguiente >>

<< Viene de página anterior

semana de duración, a una playa de ensueño, contando con un presupuesto de 750 € por persona.

Analiza el funcionamiento y las posibilidades que ofrece este servicio.

Expediente de servicios

Es el documento de gestión interna más importante. Contiene toda la **información relativa a la venta.**

Generalmente, lleva asociado un **prepago o depósito.** A cada expediente se la **asigna una numeración.** Esta aparecerá impresa en cada uno de los documentos asociados al mismo.

Además de todos los datos referentes al cliente, al vendedor, a los servicios contratados y a los cobros o pagos efectuados, los expedientes proporcionan información acerca de su **estado, su tipología y su situación.**

Estados del expediente

A continuación, te detallamos una clasificación de los estados en los que puede encontrarse un expediente de servicios:

- **Abierto:** podrá ser modificado sin ningún problema.
- **Cerrado:** permite el cobro y el reembolso de importes, así como la generación de facturas. Una vez cerrado el expediente, ya no será posible hacer modificaciones que afecten ni a los datos del cliente, ni a los servicios en él especificados, ni a los pasajeros.
- **Pendiente de facturar:** se trata de un expediente cerrado, pero que permite la facturación.
- **Facturado:** se trata de un expediente cerrado que ya ha sido facturado.
- **Reabierto:** se denomina así a un expediente que fue cerrado en su momento y que ha sido reabierto para su modificación. Permite las mismas acciones que un expediente abierto.

Tipos de expedientes

En cuanto a la tipología de los expedientes, a continuación te indicamos los más comunes:

Expediente de servicios individuales
- Se aplica a los expedientes en los que los servicios son contratados por un cliente individual, bien sea particular o empresa. La facturación se realiza por servicio.

Expedientes de grupo homogéneo
- En los que la agencia presta sus servicios a un grupo de clientes que realizan juntos un viaje. Se pueden incluir en el expediente diferentes pasajeros, pero solo a nivel informativo. La factura se realiza por un importe del total del grupo.

Expedientes plaza a plaza
- En los que la agencia presta una serie de servicios definidos a un precio determinado. A la hora de facturar, se especifican, a nombre de cada pasajero, las unidades de cada servicio asignadas al mismo y su importe.

En el programa de *front office* que se toma de referencia, *OfiViaje,* tanto en el caso de expedientes de grupo homogéneo como en el de expedientes plaza a plaza puede activarse una pestaña, denominada **Expediente de subvenciones,** que se utilizará en el caso de que parte de los servicios contratados estén subvencionados y, por lo tanto, su cobro recaiga sobre algún organismo público.

Situación de expedientes

A medida que se vayan realizando cambios en el expediente, la situación del mismo se ha de ir modificando. A continuación, se detallan diferentes situaciones en las que se puede encontrar un expediente de servicios:

- ⇨ **Pendiente de confirmar por el cliente:** este caso correspondería, por ejemplo, a un cliente que tiene que confirmar la realización de un servicio concreto. Por ejemplo: un cliente que ha contratado un coche de alquiler durante 3 de los 7 días que dura su estancia en el destino solicitado y está indeciso sobre la posibilidad de alquilarlo algún día más.
- ⇨ **Pendiente de confirmar por el proveedor:** tomando como referencia el ejemplo anterior, el cliente ha decidido finalmente ampliar el alquiler

del coche 2 días más, se ha solicitado la modificación al proveedor del servicio y aún no ha dado conformidad.

- **Pendiente de emitir documentación:** puede referirse, por ejemplo, al hecho de no haber emitido aún los bonos de un determinado servicio.
- **Emitida documentación:** la documentación ya está emitida.
- **Entregados todos los servicios:** se le ha hecho entrega al cliente de todos los servicios que solicitó.
- **Situación neutra:** se utilizará para definir una situación distinta de las anteriores.

Ejemplo inclusión de datos en un programa de gestión *front office*

Seguidamente, se muestra una secuencia de imágenes de un programa de gestión de *front office* en las que aprecian los datos que incluyen dentro de esta opción.

En la primera parte del expediente, se recogen los **datos referentes al cliente:**

- Si ya es un cliente de la agencia, el programa extraerá toda la información de la base de datos de clientes.
- Si es un cliente nuevo, se procederá a darle de alta como tal, rellenando su ficha de cliente.

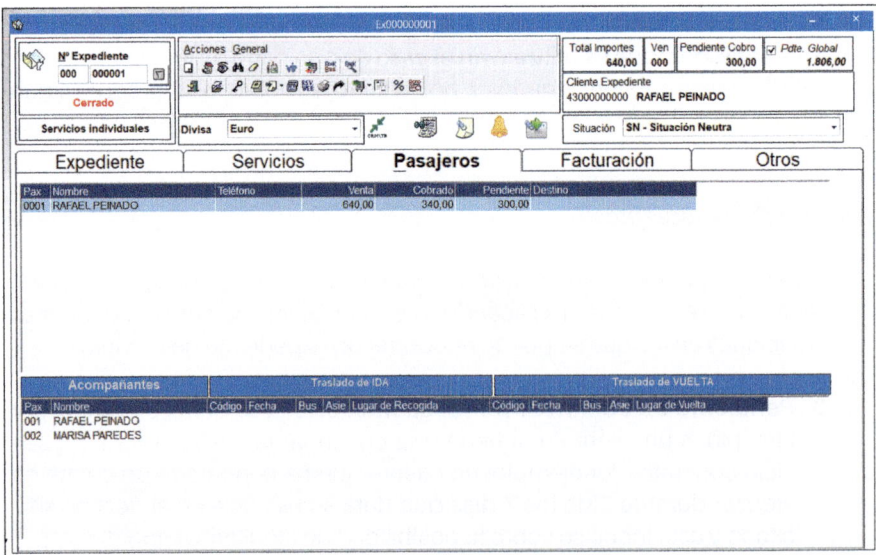

Datos del cliente en expediente de servicios

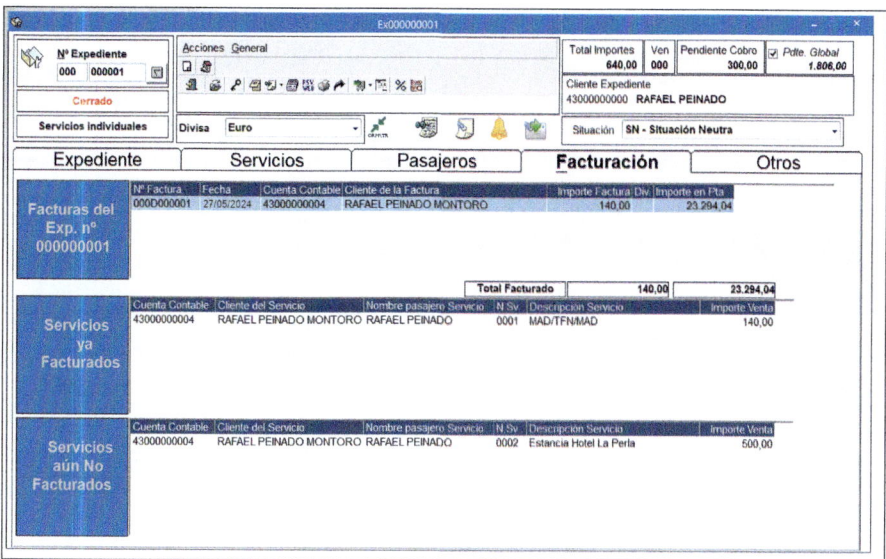

Servicios contratados

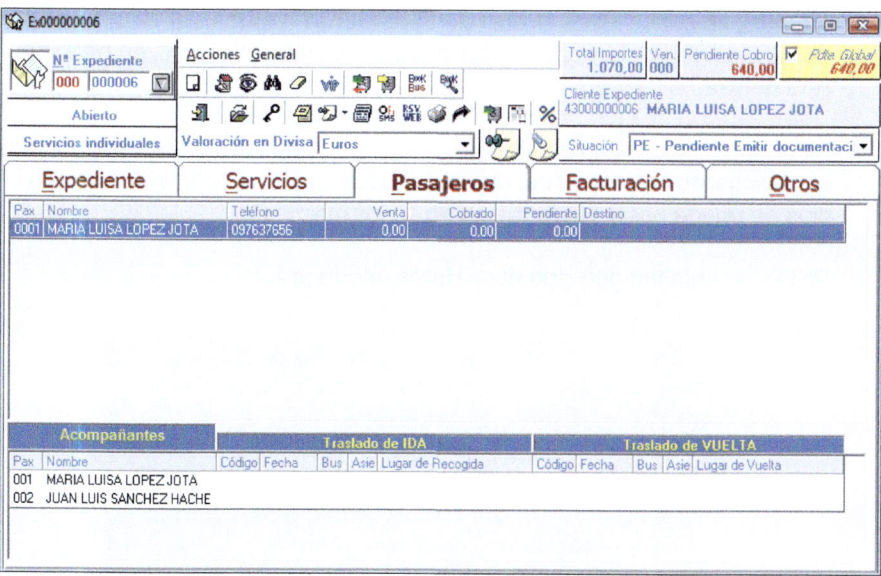

Pasajeros

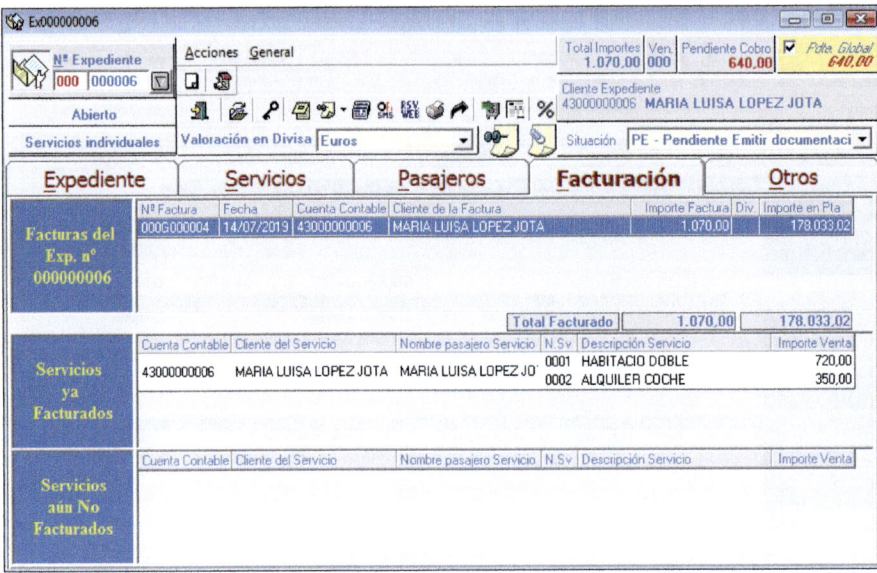

Facturación

Además, se especificará el **tipo de expediente** a formalizar dependiendo de las características del cliente o clientes y su situación, que, en principio, será **neutra.**

A continuación, se van detallando e introduciendo los diferentes **servicios que el cliente ha solicitado.** Una vez especificados y confirmados los servicios, se puede pasar a la **facturación** de los mismos.

En la siguiente imagen, aparecen **datos** referidos a:

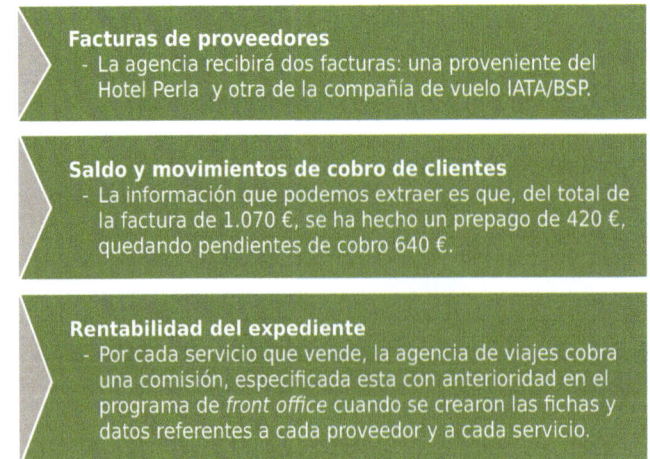

Facturas de proveedores
- La agencia recibirá dos facturas: una proveniente del Hotel Perla y otra de la compañía de vuelo IATA/BSP.

Saldo y movimientos de cobro de clientes
- La información que podemos extraer es que, del total de la factura de 1.070 €, se ha hecho un prepago de 420 €, quedando pendientes de cobro 640 €.

Rentabilidad del expediente
- Por cada servicio que vende, la agencia de viajes cobra una comisión, especificada esta con anterioridad en el programa de *front office* cuando se crearon las fichas y datos referentes a cada proveedor y a cada servicio.

Además, se pueden establecer **otros gastos de tramitación o gestión.**

En el ejemplo de referencia, la agencia de viajes ha obtenido un beneficio de 135 € por la tramitación y venta de los servicios del expediente de referencia.

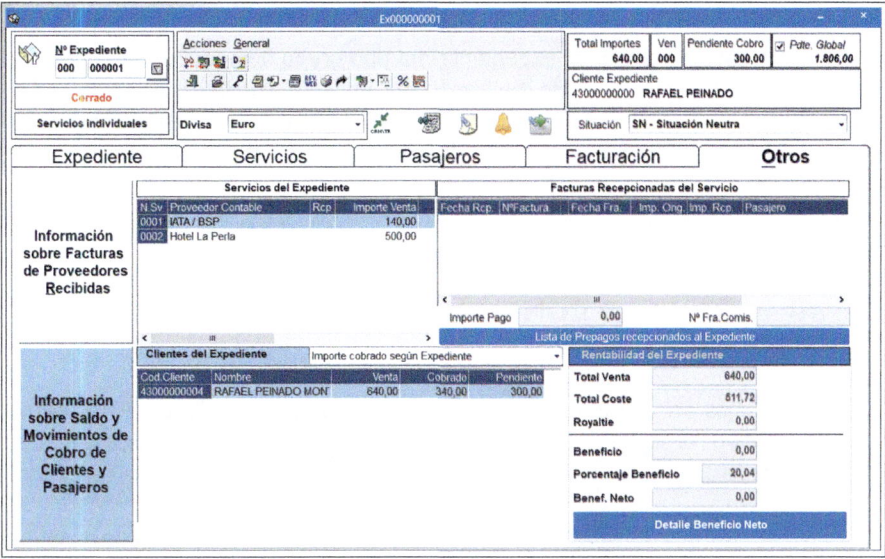

Otros

Como ves, el expediente de servicios incluye gran cantidad de información y, dependiendo del perfil del cliente que lo solicita, se deberá abrir el tipo de expediente que mejor se ajuste al mismo.

 **APLICACIÓN PRÁCTICA**

Trabajas en una agencia de viajes y tienes que cumplimentar los datos relativos al siguiente expediente:

Después de haber solicitado presupuesto para la cotización de un viaje a Dublín para tres profesores acompañantes y el alumnado del tercer curso de inglés, en total 33 personas, el próximo mes de marzo, la Escuela Oficial de Idiomas de Málaga ha decidido contratar a través de tu agencia de viajes los servicios especificados en el presupuesto.

Continúa en página siguiente >>

<< Viene de página anterior

Deberás decidir el tipo de expediente que mejor se ajuste al perfil del cliente que lo solicita en este caso.

Solución

En este caso se abrirá un expediente del tipo grupo homogéneo, por tratarse de un grupo de clientes que realizan juntos un viaje. Puede especificarse en el expediente el nombre de cada pasajero, pero la factura se hará a nombre de la Escuela Oficial de Idiomas de Málaga y por el importe total del grupo.

 ## ACTIVIDAD COMPLEMENTARIA

24. Trabajas en una agencia de viajes y tienes que cumplimentar los datos relativos al siguiente expediente. Para ello, deberás decidir el tipo de expediente que mejor se ajuste al perfil del cliente que lo solicita en este caso.

    El señor Juan Vázquez, cliente habitual de tu agencia, ha decidido reservar una estancia en un hotel de Ibiza para el próximo fin de semana. Son dos personas y un niño.

3.2. Documentos mercantiles

 ## HILO CONDUCTOR

Desde que Pilar ha incorporado el uso de aplicaciones informáticas más complejas, Mercedes está encantada.

Incluso la contabilidad la están llevando mucho mejor. Tiene toda la documentación perfectamente organizada, localizada y siempre a mano.

Son todos aquellos relacionados con la actividad contable de la agencia.

A continuación te mostramos algunos ejemplos de estos tipos de documentos.

Recibos y facturas emitidas para cobros y pagos

Estos documentos sirven para acreditar un gran número de operaciones relacionadas con el funcionamiento normal de una agencia de viajes, como por ejemplo:

Gestión del cobro de saldos vencidos de las cuentas de clientes con crédito
- Sirven para controlar la gestión del cobro de saldos vencidos de las cuentas de clientes con crédito. En el plazo estipulado para cada vencimiento y una vez que el cliente con crédito ha pagado el importe que le corresponde, se emiten estos documentos para la acreditación de dicho pago.

Liquidaciones de ventas, facturas de proveedores y comisiones
- Sirven para controlar las liquidaciones de ventas, facturas de proveedores y, por supuesto, comisiones. Al igual que se ha especificado en el apartado anterior en el caso de los clientes con crédito, las agencias de viaje también pagan, en los vencimientos fijados y negociados con anterioridad, a los diferentes proveedores de servicios con los que operan. Por otro lado, cobran las comisiones de los servicios que venden y gestionan. Para acreditar estos movimientos contables, también se emitirán los documentos pertinentes que los certifiquen.

Como el resto de empresas, las agencias de viajes han de presentar sus liquidaciones de impuestos periódicamente. Hablar del **IVA aplicable en las agencias de viajes** es complejo, ya que este tipo de empresas presenta una serie de peculiaridades. Haciendo un pequeño resumen, se puede decir que las agencias de viajes pueden realizar sus operaciones o bien en nombre propio, contratando directamente los proveedores del servicio, o en nombre y por cuenta de terceros, en los que la agencia actúa como intermediario entre un prestatario de servicios y el consumidor:

➲ **Operaciones en nombre propio:** en las operaciones en las que la agencia opera en nombre propio, el tratamiento fiscal de estas operaciones se somete al régimen especial de agencias de viajes (REAV).

Los contribuyentes acogidos a este régimen especial deberán presentar cuatro declaraciones trimestrales e ingresar en el Tesoro Público las cuotas del IVA repercutidas a sus clientes.

- **Operaciones como intermediario:** en las operaciones en nombre y por cuenta de terceros, el tratamiento fiscal de estas operaciones se somete al régimen general del IVA. Al igual que en el caso anterior, se deberán presentar cuatro declaraciones trimestrales.

 PARA SABER MÁS

Puedes consultar tanto el régimen general del IVA como el Régimen Especial de Agencias de Viajes (REAV) accediendo al siguiente enlace:

https://redirectoronline.com/hott004po0401

Libros contables

En las agencias de viajes, como en cualquier otra empresa, se ha de llevar una **contabilidad ordenada,** de acuerdo con una serie de principios contables, y en consonancia con la actividad que se desempeña.

Son obligatorios los siguientes **libros contables:**

- **Libro diario:** en el libro diario se representan las **operaciones contables de manera cronológica** mediante una serie de anotaciones, llamadas **asientos.**

Empresa Modelo S. A. DIARIO GENERAL				
FECHA	**DESCRIPCIÓN**	**REF.**	**DEBE**	**HABER**
27 - 08 - 24	----- 2 ----- Equipos de Oficina Muebles y Enseres Caja Bancos Cuentas por pagar Para registrar la compra de un terreno y muebles varios para la empresa, según factura 1530 de Andesur	1.2.2 1.2.3 1.1.1 1.1.2 2.1.1	12.000,00 1.500,00	500,00 2.000,00 11.000,00
			13.500,00	13.500,00

- **Libro de IVA:** el libro de IVA está formado por **varios libros.** En ellos se recoge principalmente **información sobre facturas** emitidas, facturas recibidas o bienes de inversión.
- **Libro de inventarios y cuentas anuales:** el libro de inventarios recoge toda la información referente a cada uno de los elementos que constituyen en **patrimonio de la empresa.** En cuanto a las cuentas anuales, han de presentarse cada año y recogen información útil, comprensible y fiable para los usuarios acerca del **patrimonio, los resultados y la situación financiera** de la empresa.
- **Libro de actas:** el libro de actas recoge los **acuerdos llevados a cabo** por las sociedades mercantiles.

 ## ACTIVIDAD COMPLEMENTARIA

25. Si fueras inversor y estuvieras interesado en adquirir participaciones de una importante agencia de viajes, ¿qué documentación contable tendrías que estudiar de la empresa que te interesa en cuestión?

TAREA 9

Trabajas en una agencia de viajes y tienes que cumplimentar los datos relativos al siguiente expediente:

Tu agencia de viajes ha organizado un viaje para asistir a la próxima carrera del mundial de Fórmula 1 que se celebrará en el circuito de Spa, en Bélgica. El paquete incluye billete de avión, ida y vuelta, alojamiento en hotel de 3 o 4 estrellas y entrada al circuito, con posibilidad de asistir a los entrenamientos o solo a la carrera. En principio, se han hecho ya tres reservas:

- El señor Romero ha reservado billete de avión, habitación en hotel de cuatro estrellas para dos personas y entradas para asistir, tanto a los entrenamientos como a la carrera.
- La peña "Fernando Alonso" de Oviedo ha hecho una reserva para 15 personas, que incluye billete de avión, hotel de tres estrellas (7 habitaciones dobles y una individual) y entradas para la carrera.
- La señora Gómez ha reservado billetes de avión, entradas para entrenamientos y carrera oficial y dos habitaciones dobles para cuatro personas en hotel de cuatro estrellas.

A partir del caso presentado, decide en este caso el tipo de expediente que mejor se ajuste al perfil del cliente que lo solicita.

Asimismo, indica los demás documentos de gestión, tanto internos como externos, que utilizan las agencias de viajes, describiendo brevemente la utilidad de los mismos.

---

4. Documentos externos

👉 HILO CONDUCTOR

Finalmente Pablo se ha decidido por un viaje por Centroeuropa, Hungría y República Checa.

Continúa en página siguiente >>

<< Viene de página anterior

Tras confirmar la reserva, Pilar ha emitido los bonos de servicios con toda la información necesaria para la realización del viaje, entregando la copia correspondiente a Pablo.

Los documentos externos son aquellos emitidos por la agencia de viajes y otros posibles proveedores de servicios y entregados al cliente, que normalmente sirven como acreditación a la hora de la prestación de los servicios contratados.

 **NOTA**

Su diseño es muy importante, ya que a través del logotipo y otra serie de particularidades en su emisión, se tratará de crear una imagen corporativa que el cliente pueda relacionar con la empresa.

Entre los documentos más representativos, podemos citar:

Documentos de transporte aéreo, transporte ferroviario y transporte marítimo.

Bonos.

4.1. Documentos de transporte aéreo, ferroviario y marítimo

A grandes rasgos, podemos decir que el **billete de avión** en los últimos tiempos ha experimentado una importante evolución en cuanto a su diseño, utilidad y, sobre todo, en cuanto a la forma de emisión. Son **nominales e intransferibles** y su emisión está sujeta a normas bastante estrictas.

Al contrario que los billetes aéreos, los **billetes de transporte ferroviario no son nominativos** en España.

El **billete de transporte marítimo** es **nominativo e intransferible** y su proceso de emisión es similar al aéreo.

4.2. Bonos

Sin duda es el documento externo más significativo de las agencias de viajes. En él se recogen prácticamente todos los **datos que se fueron generando en el expediente de servicios.**

Normalmente, suele constar del **original y varias copias** que se distribuyen de la siguiente manera:

Prestatario del servicio
- Original. Aparecerán los datos referentes a la cotización de los servicios.

Agencia de viajes emisora
- Copia que, una vez completado el ciclo del bono, procederá a archivarlo. Aparecerán los datos referentes a la cotización de los servicios.

Cliente
- Copia en la que no aparecerán los datos referentes a la cotización de los servicios.

Deben figurar en el billete de bonos de servicios la siguiente **información**:

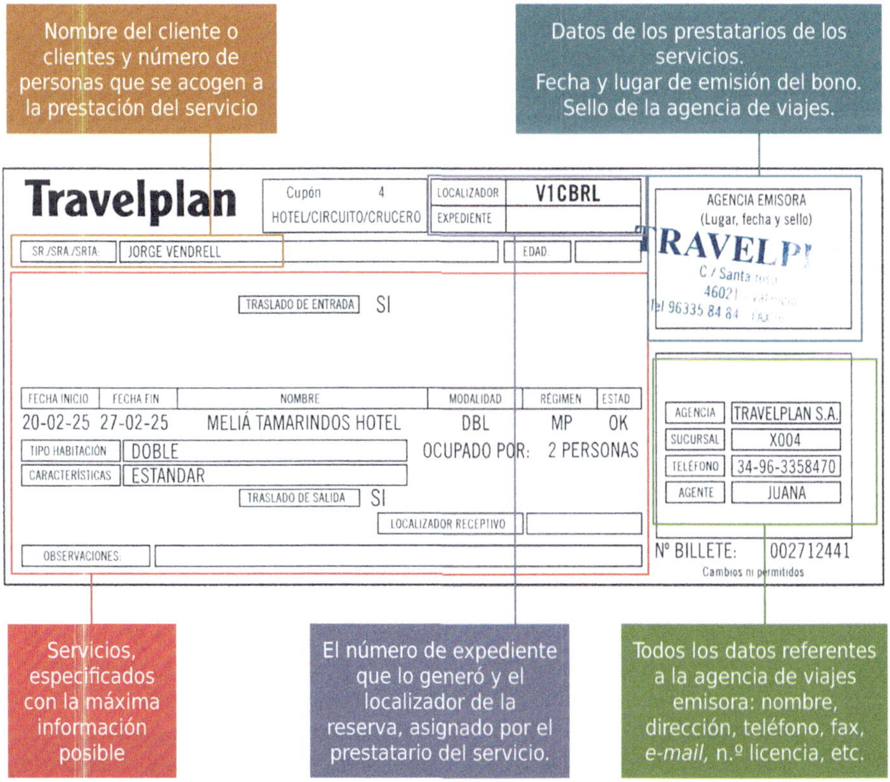

Nombre del cliente o clientes y número de personas que se acogen a la prestación del servicio

Datos de los prestatarios de los servicios.
Fecha y lugar de emisión del bono.
Sello de la agencia de viajes.

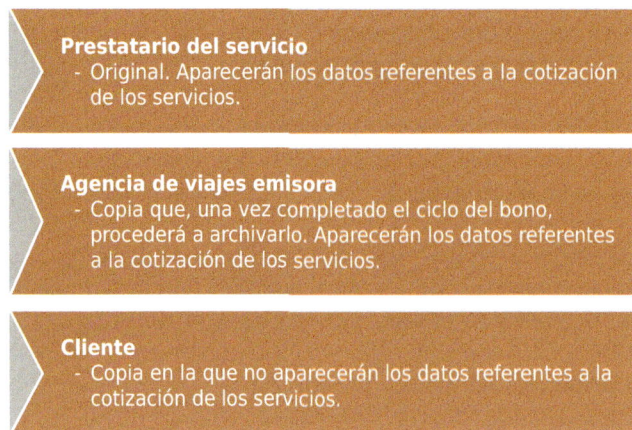

Servicios, especificados con la máxima información posible

El número de expediente que lo generó y el localizador de la reserva, asignado por el prestatario del servicio.

Todos los datos referentes a la agencia de viajes emisora: nombre, dirección, teléfono, fax, e-mail, n.º licencia, etc.

Además, para la correcta emisión de este tipo de documentos, es conveniente seguir una serie de **indicaciones:**

- **Reflejar confirmación.** Que aparezca en el bono el nombre o alguna referencia de la persona que confirmó los servicios.
- **Especificar servicios.** Especificar cuál es el primer y el último servicio y las fechas de disfrute de ambos.
- Por ejemplo, en un bono emitido para la estancia de una noche en un hotel en régimen de pensión completa, lo correcto sería: "entrada día 09/08/2024, con almuerzo y cena, y salida 10/08/2024, con desayuno".
- **Idioma.** Se debe emitir el bono en el idioma del prestatario del servicio.
- **Emisión por servicio y proveedor.** Es conveniente la emisión de un bono por cada servicio y proveedor.

 SABÍAS QUE...

Aunque gracias a los avances tecnológicos cada vez es menos frecuente rellenar un bono de forma manual, en el caso de tener que hacerlo es obligatorio utilizar letra mayúscula.

Tipos de bonos

Existen diferentes tipos de bonos de viaje que se clasifican **según el tipo de servicio y el importe del mismo que se cubra** con su emisión:

- **Bono de servicios:** cubre específicamente los servicios que en él se detallan. Cualquier extra deberá ser abonado directamente por el cliente al proveedor.
- **Bono *Full Credit:*** suele ser utilizado por clientes VIP, que normalmente cuentan con un amplio crédito en la agencia de viajes. Cubre cualquier servicio que solicite el cliente dentro de las fechas marcadas en el bono. Para el abono de los servicios prestados, es necesario que el cliente firme la factura emitida por el proveedor de los mismos dando su conformidad, factura que después será remitida a la agencia de viajes.
- **Bono depósito:** cubre un determinado importe, que puede ser menor, igual o superior a los servicios reservados. Si la diferencia es a favor del prestatario, el cliente deberá abonar directamente el importe de la misma. Si el importe consumido por el cliente es menor que la cantidad que

cubre el bono, será la agencia de viajes la encargada de reembolsar al cliente la diferencia.

- **Bono presentación o bono reserva:** sirve solamente como nota informativa de la contratación de un determinado servicio. El importe de los mismos es abonado por el cliente directamente al proveedor.
- **Bono de mayoristas:** se utiliza para formalizar la venta de viajes combinados. Cubre todos los servicios que en él se especifican y generalmente lleva asociada la firma por parte del cliente del contrato de viajes combinados, donde se especifican las condiciones del mismo.

Recorrido de un bono

A continuación, se muestra toda la secuencia completa del procedimiento para gestionar el bono de viaje:

- La agencia de viajes entrega al cliente la documentación correspondiente: por un lado, el original del bono, que ha de ser entregado al proveedor, y, por otro lado, una copia de dicho documento para el cliente. Otra copia la conservará la agencia de viajes.
- Cuando el cliente llega a su destino, entrega al proveedor el original del bono para acceder a la prestación de los servicios en él descritos.
- Una vez prestados los servicios, el proveedor emitirá y enviará factura a la agencia de viajes, a la que adjuntará original del bono acreditativo de los servicios prestados para su cobro.
- La agencia, una vez recibida la documentación descrita en el paso anterior, comprobará que coinciden los datos y los importes con la copia que conservó y los datos anotados en el expediente de servicios.
- Si todo está conforme, la agencia de viajes procederá al pago de los servicios suministrados por el proveedor y al archivo de la documentación asociada.

APLICACIÓN PRÁCTICA

Observa el siguiente bono:

Continúa en página siguiente >>

<< Viene de página anterior

TOUR OPERADOR CICMA 448 **Trip4all**	CUPÓN Nº 7 PRIMER HOTEL O SERVICIO FIRST HOTEL OR SERVICE COUPON NUM. 7		Localizador V|0|5|2|8|6|4|2		Nº	B- 2506258 viajes	
DESTINO	TRANSPORTISTA	Nº VUELO	CLASE	FECHA	HORA	SITUACIÓN	ALOJAMIENTO	AGENCIA EMISORA (Lugar, fecha y sello)
DESDE Valencia	Vx	328	Y	24 Aug	17:15	OK	1º. HOTEL O SERVICIO Hotel Puerto Mahon	CV m 448 - V N I F 7 Tel./Fax. 96 217 01 70 46300 U.T.I.E.L (Valer
A Mahon	Vx	024	Y	29 Aug	08:10	OK	DÍA LLEG. 24 Ago. DÍA SAL. 29 Ago. TIPO HABITACIÓN Y RÉGIMEN Doble M.P.	AGENTE:
A Ibiza	Vx	142	F	31 Aug	16:40	OK	2º. HOTEL O SERVICIO Hotel Sol Ibiza	LIQUIDACIÓN
A Valencia							DÍA LLEG. 29 Ago. DÍA SAL. 31 Ago.	Concepto / Euros
A	V	O	I	D			TIPO HABITACIÓN Y RÉGIMEN Doble S.A.	Precio Programa 390 €
A							3º. HOTEL O SERVICIO	Supl. T. Alta 40 €
A	V	O	I	D			DÍA LLEG. DÍA SAL.	TAX 18 €
Sr./Sra./Srta. (si el pasajero es menor de 12 años indicar edad). Sra. Baca, Raquel							TIPO HABITACIÓN Y RÉGIMEN	PRECIO TOTAL 448 €
						OBSERVACIONES	Habitación con vistas al mar en Hotel Sol	

A partir del mismo, extrae la información que presenta. ¿Crees que la copia que aparece es la destinada al cliente?

Solución

Parte superior del bono (datos de interés de izquierda a derecha): se especifican datos de la agencia de viajes, localizador y CIF de la agencia.

- Logo agencia de viajes: Travelplan.
- Localizador: V0528642.
- NIF agencia: B-2506258.

Parte izquierda del bono (vuelos): se especifican los datos referentes a los vuelos contratados por el cliente de la agencia de viajes:

- Vuelo Valencia-Mahón, compañía aérea Virgin América (siglas Vx), vuelo n.º 328, clase turista (Y), fecha 24 de agosto, hora de salida 17:15 h, vuelo confirmado (OK).
- Vuelo Mahón-Ibiza, compañía aérea Virgin América (VX), vuelo n.º 024, clase turista (Y), fecha 29 de agosto, hora de salida 08:10 h, vuelo confirmado (OK).
- Vuelo Ibiza-Valencia, compañía aérea Virgin América (VX), vuelo n.º 142, primera clase (F), fecha 31 de agosto, hora de salida 16:40 h, vuelo confirmado (OK).

Parte central del bono (alojamiento). Se puede extraer información referente a los hoteles contratados:

Continúa en página siguiente >>

<< Viene de página anterior

- Hotel Puerto Mahón, *in* (entrada) 24 de agosto, *out* (salida) 29 de agosto, habitación Doble (DBL), régimen Media Pensión (MP).
- Hotel Sol Ibiza, *in* 29 de agosto, *out* 31 de agosto, habitación Doble (DBL), régimen Solo Alojamiento (SA).

Parte derecha del bono: información referente al agente y la cotización:

- Nombre del agente de viajes: C. Jiménez.
- Importe de los servicios: 448 €, de los cuales 40 € pertenecen al pago de un suplemento por temporada alta y 18 € al pago de tasas.

Parte inferior del bono:

- Nombre del cliente: Sra. Raquel Baca.
- Observaciones de los servicios: reserva de habitación con vistas al mar en el Hotel Sol de Ibiza.

En cuanto a si la copia del ejemplo de referencia pertenece o no a la destinada al cliente, la respuesta es negativa, al aparecer en dicha documentación información referente al precio de los servicios.

---

5. Resumen

Dada la gran cantidad de **datos y documentación generada en las agencias de viaje,** es condición indispensable para un buen funcionamiento de las mismas el dominio y la correcta gestión de toda esta información por parte de cada uno de sus agentes.

Se puede diferenciar entre documentación interna, de uso exclusivo del personal de la agencia, y documentación externa, a la que el cliente también tiene acceso.

Documentos internos
- Documentos técnicos

  - Hoja de presupuesto o cotización
  - Expediente de servicios
  - Fichas de clientes
  - Hoja de petición, información o reserva
- Documentos contables

  - Libros contables
  - Recibos y facturas emitidas para cobros y pagos

Documentos externos
- Documentos de transporte aéreo, transporte ferroviario y transporte marítimo
- Bonos

Dentro de los documentos internos, el más relevante es el **expediente de servicios** y, formando parte de la documentación externa, el más significativo es el **bono**. Ambos están interrelacionados, puesto que parte de la información presente en el primero servirá a la hora de emitir el bono de servicios. Normalmente, este suele constar del **original y varias copias.**

Además, existen diferentes **tipos de bonos de viaje** que se clasifican según el tipo de servicio y el importe del mismo que se cubra con su emisión:

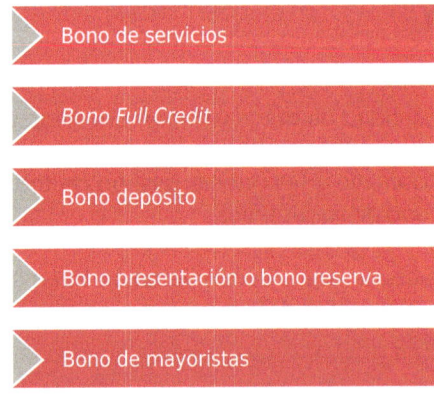

Bono de servicios

Bono Full Credit

Bono depósito

Bono presentación o bono reserva

Bono de mayoristas

Ejercicios de autoevaluación
Unidad de Aprendizaje 4

1. De las siguientes afirmaciones, indica cuál es verdadera y cuál falsa.

a. Algunos documentos internos de las agencias de viaje están a disposiciónde los clientes.

- ■ Verdadero
- ■ Falso

b. Forman parte de los documentos internos la ficha de clientes, la hoja dereservas y los bonos de servicio.

- ■ Verdadero
- ■ Falso

c. Los expedientes de servicio forman parte de la documentación interna dela agencia de viajes.

- ■ Verdadero
- ■ Falso

2. En la actualidad, los programas de gestión de *front office* incorporan una herramienta denominada Bloc de Notas de Reservas Previo, que sustituye a...

a. ... las hojas de cotización.
b. ... la hoja de petición o reserva.
c. ... la ficha de clientes.
d. Todas las opciones son incorrectas.

3. Indica si las siguientes afirmaciones son verdaderas o falsas.

a. El expediente de servicios es el documento de gestión interna más importante.

- ■ Verdadero
- ■ Falso

b. A cada expediente se le asigna una numeración que aparecerá en todos los documentos asociados al mismo.

- ■ Verdadero
- ■ Falso

c. En un expediente de servicios, aparecen datos referentes al cliente, al vendedor, a los servicios contratados y a los cobros y pagos efectuados.

- ■ Verdadero
- ■ Falso

4. Los expedientes plaza a plaza…

a. … se refieren a expedientes de servicios contratados por clientes individuales.
b. … son expedientes en los que la agencia presta una serie de servicios definidos a un precio determinado.
c. … son aquellos en los que la agencia presta sus servicios a un grupo declientes que realizan juntos un viaje.
d. Todas las opciones son incorrectas.

5. El bono *full credit*…

a. … cubre un determinado importe, que puede ser menor, igual o superior a los servicios reservados.
b. … cubre cualquier servicio que solicite el cliente dentro de las fechas marcadas en el bono.
c. … cubre específicamente los servicios que en él se detallan.
d. … sirve solamente como nota informativa de la contratación de un determinadoservicio.

6. Los recibos emitidos para cobros y pagos, las facturas de IVA y los libros contables se consideran documentos…

a. … de aplicación.
b. … de gestión.
c. … mercantiles.
d. … externos.

7. **De las siguientes afirmaciones, indica cuál es verdadera y cuál falsa.**

    a. El libro de IVA está formado por varios libros.

        ■ Verdadero
        ■ Falso

    b. El libro de inventarios ha de presentarse anualmente.

        ■ Verdadero
        ■ Falso

    c. Las cuentas anuales recogen información sobre el patrimonio, los resultadosy la situación financiera de la empresa.

        ■ Verdadero
        ■ Falso

8. **Los documentos de transporte aéreo se consideran documentos...**

    a. ... externos.
    b. ... internos.
    c. ... mercantiles.
    d. ... administrativos.

Glosario

Back office
Programas o *software* de aplicación o gestión interna, destinados a la gestión de actividades de administración y contabilidad.

Billete automatizado ATB
Formato de billete tradicional, que se entrega de forma física al cliente impreso en papel o cartulina.

Billete electrónico
Formato de billete actual, que no es preciso emitir, ya que queda registrado en el sistema informático de las diferentes compañías.

Bloc de Notas de Reservas Previo
Herramienta que incorporan los programas de gestión de *front office* y sustituye a la antigua hoja de petición o reserva.Permite a la agencia llevar un control de los clientes que consulten la posibilidad de reservarservicios.

Bono
Documento de carácter informativo emitido por las agencias de viaje contra un proveedor, en el que se le pide la prestación de determinados servicios y con el que, excepto en el caso del bono de presentación, se cubre el coste de los mismos (González, 1999).

Canal de distribución
Conjunto de protagonistas u operadores económicos que intervienen como eslabones intermedios que interactúan para hacer llegar el producto desde el productor hasta el consumidor. También puede ser la ruta por la que circula el flujo de productos, desde su creación en el origen hasta llegar a su venta.

Códigos IATA
Códigos que identifican a cada aeropuerto. Son decididos por la Organización Internacional para el Transporte Aéreo *(International Air Transport Association)*.

Comunidades de viajeros
Comunidades que agrupan a internautas viajeros que comparten experiencias en una única plataforma, normalmente, usando como infraestructura los wikis, blogs o foros de discusión.

Coste Por Adquisición (CPA)
Modelo de negocio en el que será el proveedor de productos y servicios turísticos quien retribuya a la empresa metabuscadora por cada compra realizada por un consumidor.

Coste Por Clic (CPC)
Modelo de negocio en el que el cobro depende del número de potenciales clientes que el metabuscador sea capaz de derivar hacia la página web del proveedor.

CRS
Sistemas automatizados de reserva de las compañías aéreaso centrales de reserva. Grandes bases de datos centralizadas que contienen la situación de plazas en tiempo real de todos los establecimientos asociados. Actualmente se usan para referirse a los sistemas de reserva informatizados de las compañías aéreas o a las actuales centrales de reserva hoteleras.

Distribución turística
Puente entre el productor y el consumidor.

Documentos externos
Son aquellos emitidos por la agencia de viajes y otros posibles proveedores de servicios y entregados al cliente, que normalmente sirven como acreditación a la hora de la prestación de los servicios contratados.

Documentos mercantiles
Son todos aquellos relacionados con la actividad contable de la agencia.

Efecto halo
Hace referencia a la posibilidad de cierta parcialidad en la información.

Expediente de servicios
Es el documento de gestión interna más importante. Contiene toda la información relativa a la venta.

Fee
Cargo o comisión por venta.

Front office
Programas o *software* de aplicación o gestión externa cuya función es gestionar todas las operaciones de venta llevadas a cabo en la empresa. También puede referirse tanto al lugar físico como a las actividades que constituyen una relación directa con el cliente (atención, *marketing,* promoción o venta de productos o servicios).

GDS
Sistemas Globales de Distribución. Grandes bases de datos centralizadas que permiten el acceso a los agentes abonados. Son capaces de almacenar y actualizar de forma instantánea enormes cantidades de información sobre la oferta de toda una amplia gama de empresas turísticas a nivel mundial.

Hoja de petición, información o reserva
Documento que se utiliza para recoger los primeros datos referidos a una solicitud de información acerca de la posible contratación de un producto o servicio por parte del cliente.

Intermediarios turísticos
Aquellas empresas o instituciones que van a mediar entre las empresas turísticas y los consumidores.

Internet
Es un conjunto mundial de redes de ordenadores interconectadas entre sí, entre las que se produce intercambio de información.

Localizador
Código o número correspondiente a la reserva efectuada por el cliente.

Mayorista
Las agencias mayoristas son aquellas que preparan sus productos y servicios turísticos para ofrecerlos a las agencias minoristas, nunca al usuario final.

Metabuscadores turísticos
Son herramientas que recogen los datos de búsqueda, actuando como megamotores de búsqueda, permitiendo a los usuarios examinar varios directorios web simultáneamente.

OTA

Agencias de viajes *online* o virtuales. Son una tipología de intermediarios turísticos, en concreto agencias de viajes que surgen gracias al comercio electrónico y no realizan sus actividades fuera de internet.

Outlets online

Portales outlets que ofrecen productos con grandes descuentos.

PNR

Passenger Name Record. Es una reserva (de avión, de hotel, etc.), un registro que contiene el itinerario de un pasajero o un grupo de pasajeros que viajan juntos. Contiene los detalles de la reserva y toda la información relacionada con el viaje.

Printer

Soporte para el recuerdo de la información relativa al viaje del pasajero que obtiene su billete en modalidad electrónica.

Sistemas de reserva de destinos

Sistemas pertenecientes a organismos oficiales de turismo, considerados estos como intermediarios de la distribución turística.

Sociedad de la Información

O Sociedad del Conocimiento. Situación social actual en la que el acceso, la distribución, el tratamiento y el aprovechamiento de la información se ha convertido en una actividad común y necesaria en el día a día.

Web 2.0

Web participativa, colaborativa, interactiva y bidireccional.

Bibliografía

_____
Monografías

→ AMEIGEIRAS, C.: *Venta de servicios turísticos*. Madrid: Síntesis, 2012.

→ BUHALIS, D.: *ETourism: Information technology for strategic tourism management*. Essex: Longman, 2003.

→ CABARCOS Novás, N.: *Proceso económico administrativo en las agencias de viajes*. Madrid: Ideas Propias, 2010.

→ CABARCOS, Novás, N.: *Venta de servicios y productos turísticos*. Madrid: Ideas Propias, 2007.

→ DE BORJA Solé, L. y MIQUEL Gomis, J.: *El nuevo paradigma de la intermediación turística*. Madrid: Pirámide, 2009.

→ DEL ALCÁZAR, B.: *Los canales de distribución en el sector turístico*. Madrid: ESIC, 2002.

→ ESTEBAN Alberdi, C. y RUBIO, L.: *Empresas de intermediación turística y nuevas tecnologías: estudio de calidad del segmento minorista para viajes de ocio*. Madrid: Visión Net, 2006.

→ GARRIDO, P.: *Agencias de viaje online: situación y perspectivas en el comercio electrónico español*. (Tesis Doctoral). Madrid: Universidad Complutense, 2010.

→ GIL Soto, E. y GARCÍA Rodríguez, F.: *Sistemas de reservas online y ventajas competitivas en la estrategia del negocio turístico*. Tenerife: Universidad de La Laguna.

→ GONZÁLEZ Cobreros, M. A.: *Fundamentos teóricos y gestión práctica de las agencias de viajes.* Madrid: Síntesis, 2002.

→ GUEVARA Plaza, A. (coord.): *Sistemas informáticos aplicados al turismo.* Madrid: Pirámide, 2015.

→ GUERRAS, L. A. y NAVAS, J. E.: *Casos de dirección estratégica de la empresa.* Madrid: Thomson-Civitas, 2020.

→ HERNANDIS Bernal, L.: *Gestión económico-administrativa en agencias de viaje.* Madrid: Paraninfo, 2005.

→ IGLESIAS Tovar, J. R., TALÓN, P. y GARCÍA-VIANA, R.: *Comercialización de productos y servicios turísticos.* Madrid: Síntesis, 2007.

→ JIMÉNEZ Abad, C. E.: *Producción y venta de servicios turísticos en agencias de viaje.* Madrid: Thomson España, 2006.

→ MARTÍNEZ Villa, A.: *Turismo 2.0.* Oviedo: Septem, 2011.

→ MITRE Aranda, M.: *La producción e intermediación turística en el sector de las agencias de viaje.* Oviedo: Universidad de Oviedo, 2006.

→ ORDÓÑEZ De Pablos, P., TENNYSON, R. D. y JINGYUAN Zhao, P. D.: *Global hospitality and tourism management technologies.* Pensilvania: Idea Group, 2011.

→ DE PABLO Redondo, R.: *Las nuevas tecnologías aplicadas al turismo.* Madrid: Editorial Universitaria Ramón Areces, 2004.

→ PÉREZ SERRADILLA, M.: *Asesoramiento, venta y comercialización de productos y servicios turísticos.* Antequera: IC Editorial, 2023.

Textos electrónicos, bases de datos y programas informáticos

→ Página web oficial de Ofimática, de: <http://www.ofi.es>.

→ Página web oficial de Beroni Informática, de: <http://www.beroni.com>.

→ Página web oficial de Pepeline Software, de: <http://www.pipeline.es>.

→ Página web oficial de Hosteltur, de: <http://www.hosteltur.com>.

→ Página web oficial de Dolphind, de: <http://www.dolphind.com>.